GIGAスクール
はじめて日記 4

＼これでできる！／

個別最適な学びと協働的な学び

堀田龍也［監修］ 佐藤和紀・泰山 裕・大久保紀一朗［編著］

さくら社

はじめに

「令和の日本型学校教育」の確実な理解を

堀田龍也◎東北大学大学院情報科学研究科・教授／東京学芸大学大学院教育学研究科・教授

本書の企画意図

中央教育審議会は、令和３年１月26日に〈「令和の日本型学校教育」の構築を目指して ～全ての子供たちの可能性を引き出す，個別最適な学びと，協働的な学びの実現～〉という答申を発出しました。この答申が現在の我が国の学校教育の指針となっています。

この答申の副題にも掲げられている「個別最適な学びと協働的な学びの一体的な充実」に向けて、学校現場では１人１台の情報端末を活用したさまざまな実践が試行されていますが、全国的にはまだ「こうすれば大丈夫！」と安心できる段階ではありません。

本書は、「個別最適な学びと協働的な学びの一体的な充実」の実現に具体的に迫るために、児童生徒にこれまで以上にどんなスキルを育てておくべきか、GIGAスクール構想によって整備された児童生徒１人１台の情報端末をどのように活用していけばよいかについて紹介するものです。

本書が「GIGAスクールはじめて日記」のシリーズに位置付けられているのは、「個別最適な学びと協働的な学びの一体的な充実」を目指すという取り組みは、私たちにとって「はじめて」のことだからです。毎日の実践の記録の積み上げと、不断の修正の繰り返し、そして同じ方向に向いて取り組んでいる仲間たちによるクラウドでの情報共有によって、ようやくここまで来たという意味で「日記」でもあります。

理念を明確に理解しよう

本書には、理論編として「令和の日本型学校教育」や「個別最適な学びと協働的な学びの一体的な充実」などの政策の概要や、これを実現していくために重要となる「情報活用能力」についての解説があります。その後ろに「教師の学習観」「支援や環境」「授業デザイン」「教師への支援」の４つのカテゴリーで実践が整理されています。おそらく最近の書籍の中でもっとも具体的です。実践の羅列ではなく、この４つのカテゴリーに整理されたことが本書のウリとも言えるでしょう。

そこでここでは、具体的な実践は後ろの原稿に任せ、「令和の日本型学校教育」や「個別最適な学びと協働的な学びの一体的な充実」などの政策意図、これらの用語が登場した背景となる理念について語っておくことにしましょう。

以下、あえて用語を切り取りながら、１つひとつの言葉を吟味していくこととします。

◎「令和」

近代の学校教育は明治時代から大正、昭和、平成を経て、令和の今に至りますが、今はこれまでとは不連続な大きな社会変化の中にあります。

急激な人口減少社会の到来は、学校のみならずあらゆる業種で労働力不足を招きました。労働力不足は外国人の雇用促進につながり、日本語に通じない児童生徒が日本の義務教育を受けることの増加にもつながっています。発達に課題のある児童生徒の増加も含め、学校における児童生徒の多様性は一段と高まっています。一方、社会のデジタル化の進展は学ぶ場所と時間の束縛を緩くしており、オンライン上には多様な学習リソースが配備されるようになりました。

このような大きな社会変化の中、これからの学校の在り方がこれまでと同じでよいはずがありません。根本的な見直しが必要になります。

◎**「日本型」**

他国の教育のよさが話題になり、日本の教育はダメだと揶揄する人がいますが、諸外国と比較して、我が国の学校教育はたくさんの面でよい成果を挙げています。そのよさを残しながら、課題を克服していくことが必要です。

では日本の学校教育の残すべきよさとは何でしょうか。他者と助け合う風土、勤勉性、知徳体の全人的な教育など、私たち教師がそのよさを自覚することが大切です。

◎**「学校教育」**

８m×８mの教室に40人近い児童生徒がいる中で、紙の教科書とノート、黒板とチョークをデフォルトの授業環境として教育が営まれてきました。その授業環境がベストだったというわけではなく、長い間、その環境条件でしか全国に等しく用意できなかっただけに過ぎません。GIGAスクール構想は、この環境を大きく変化させました。

社会の変化が激しく、終身雇用が事実上崩壊している現在、キャリアチェンジは常識的な事実となっています。自分のスキルを高め、自分の人生のステージに合わせて仕事の内容と方法を選択していく時代です。従来以上に「学び続けること」が前提の社会となり、学習指導要領においても「学びに向かう力」の育成が上位目標となっています。教師が「教える」ことより児童生徒が「学ぶ」こと、学びに向かう力を身につけることが優先されるべき時代です。

◎**「学び」**

「学びに向かう力」とは、学ぶスキルと学ぶ意欲によって構成されます。学び方は人それぞれであり、違いがあります。ですから、自分の学び方は時間をかけて自分で鍛えていくしかなく、そのために必要な試行錯誤の途中でくじけない心の強さが必要です。同時に、過度な同調圧力が学び方の多様性を損なう可能性があり、教えるべきことを教えたら児童生徒に任せ、自力で乗り越えさせること、それを信じて待てる耐性が、教師側には必要になります。

◎**「個別」**

児童生徒の個々の興味関心や理解状況に合わせた教育は、これまでもずっと検討され実践されてきました。しかしこれまでの授業環境では限界があったのです。

現在では児童生徒の手元には情報端末があります。そのおかげで児童生徒は多様な学習リソースに任意のタイミングでアクセス可能となりました。アクセス先を適切に選択したり、得られた情報を整理して表現に用いたりする精度は、本人の情報活用能力に依存します。その瞬間にその学習リソースにアクセスしているのは自分だけとなれば、本人が自力で情報を処理できなければならないのです。これが情報活用能力の今日的な重要性です。

◎**「協働」**

個々の児童生徒が自分の学びを実現していく中で、同じように学ぶ他者（多くの場合は同じ教室にいる児童生徒）が何にこだわりを持ち、どのように学んでいるかを他者参照することによって、相互に刺激し合うことになります。当然ながら、誰とどのように協働するかは、それぞれの児童生徒が決定します。したがって教室では、ある瞬間に一人で取り組む子も協働で取り組む子もいるし、その学習内容も少しずつ異なり、達成までの道筋も進捗状況も異なることになります。これがクラウド上で情報共有され可視化される情報技術が発達したことによって、個々の学習支援を教師が行いやすくなっているのです。

◎**「最適」**

個別最適な学びの「最適」とは、児童生徒が、自身の学び方を自覚しており、その自己決定を振り返って修正し、より自立した学び手に成長していく努力を重ねることを前提とした概念です。最適かどうかは本人が決めるのです。最適な学びができるような段階的・連続的な鍛えが必要です。その過程もまた個々によって異なります。

いかがでしょうか。これらの理念は絡み合って授業に表出します。授業とはそもそも複雑系です。私たち教師が、大きな視野による授業観をもつことが求められています。

GIGA スクールはじめて日記 4
これでできる！ 個別最適な学びと協働的な学び

CONTENTS

2 個別最適な学びと協働的な学びを進めるための［支援や環境］

4 個別最適な学びと協働的な学びの実践を支える [教師への支援]

本書で紹介される活動実践は、Google Workspace for Education を中心としたツール（Google Classroom、Google Chat、Google Jamboard™、Google スプレッドシート™、Google スライド™、Google ドキュメント™、Google フォーム、Google ドライブおよび YouTube™）を駆使して行われています。

個別最適な学びと協働的な学びのために
考え方と取り組み方

佐藤和紀◎信州大学 教育学部・准教授

令和の日本型学校教育では、クラウドを活用した学習者中心の授業が推奨されている。これは、子どもたちが自律的に学習を進め、教師は支援する役割を果たす新しいパラダイムを示している。ICT の活用がこの変化を支え、教育の質を向上させることを目指している。本稿では、本書で紹介されている実践から考え方や取り組み方を解説する。

はじめに

中央教育審議会答申「令和の日本型学校教育の構築を目指して」では、クラウドを活用しながら個別最適な学びと協働的な学びを一体的に充実させていくことが示されている。子どもが学習を選択したり決定したりして進める姿、先生がいなくとも学習を自分なりに進められる姿が目指されている。それがたとえ不完全であっても、量を繰り返していけば、質は上がっていく。こうした取り組みを行う教師は最初から完璧を求めておらず、100 点も求めてはいない。むしろ、あなたにとっての今日の 100 点はなんだったのかを求めていて、人と比較するような評価でも振り返りでもない。こうした考え方は、本書において教師の学習観を執筆した先生方のタイトル「自分らしさ」「自分が何をなしたいか」からも読み取れる。

もちろん、適材適所で教師の指導や支援も必要であるし、学習の仕方、学習の進め方、遂行していくための方法の取得、スキルの育成は欠かせない。これまでも教室にはたくさんの先生がいたが、クラウド上には一瞬一瞬子どもたちの知識やアイディアがあふれかえっていて、それを真似しながら学ぶ必要もあるし、そのことが子どもの学習意欲を高めることにもつながっている。

そしてこれらは教師が授業を調整するのではなく、子ども自身が学習を調整する営みである。こうした実践を我が国では個別化・個性化の教育と言ってきた。ずいぶん前から実践されてきたが、継続してきた学校は極めて少なかった。教師や子どもが必要とする情報がアナログだと共有しにくく、継続が困難だったことは容易に想像できる。例えば、子ども 1 人ひとりの活動がそれぞれ違っていく場合、子どもがどこで何をしていて、何に興味があって、何に困っているのか、アナログだと状況を把握することはとても難しい。故に、適材適所で指導したり支援したりすることができなくなる。しかし、本書の支援・環境「学びの参照と共有」でも書かれているように、クラウドがあれば、教室の誰もが、今、誰が何を考えているのかを瞬時で把握することができることになる。

教師が学級のことや授業のことだけに専念できる時代であれば、パワフルな教師はできたかもしれない。しかし、今、教師はあらゆる業務に励む中で、子どものことをよく知るという意

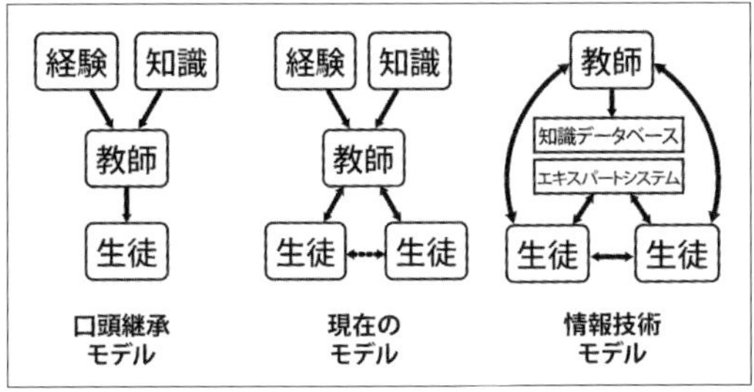

図1　情報技術パラダイム（Branson 1990）

味でも、学習者中心の授業ではクラウドが欠かせなくなっている。GIGAスクール構想によって可能になった実践は、Branson（1990）の教師を主語とする「口頭継承パラダイム」や「現在のパラダイム」と呼ばれるモデルではなく、子どもを主語とする「情報技術パラダイム」の実践であると言われている（奈須2023）。

これまでとの違いは、子どもが教材にアクセスできるようになり、子どもが調整できるようになったことである。教師はクラウドを工夫して活用すれば、子どもの状況をいつでも把握することができるようになった。

しかし、端末が整備されたからといって、子どもが自律的に取り組めるわけではない。子どもの自律を支援する傾向が強い教師は、クラウドがなくとも学習者中心の授業を展開してきたことも報告されている（鹿毛ほか1997）。このことを考えれば、教師が子どものどのような成長を願い、どのような考え方に基づいて実践しているのかが重要である。

本書は、なぜ端末を活用しながら学習者中心の取り組みが必要なのか、どのように実践していけばよいか、について考えを切り替えていくきっかけとなることをねらっている。

その時の教師の役割

子どもを中心とした授業では、教師は子どもを支援する役割となり、子どもの興味や関心、要求を最大限尊重して授業を行っていく（市川1995）。継続的に学習者中心の授業づくり等に取り組む学校は、こうした考え方に基づいて実践されている。何も子どものわがままを全て聞くという意味ではない。しかし、現実的には、まだ数多くの学校では「現在のパラダイム」、あるいは「口頭継承パラダイム」の中にあって、そこで端末が活用されている。つまり、教師が授業の多くを進行し、コントロールする中での端末の活用である。子どもが同じように端末を開き、同じ画面を見て、同じように活動をしている。教師が画面をロックするのはその典型である。これでは、いくら端末を活用しようとも子どもを中心とする実践は難しい。そして端末があれば子どもをコントロールしにくくなることもあって「端末なんてなくてもよい」という議論になりがちであり、やがて、せっかく整備された端末を使われなくなる学校が生まれ、地域や学校の格差が広がっていくことにつながっていた。

こうした取り組みには必ず「教師は何をすればいいのか」「教えなくてもいいのか」「コンピュータが全部やるのか」という意見が聞かれる。しかし、子どものペースや状況に応じて、指導すべきことは指導すべきであり、教師の役割はこれまでとほとんど変わらない。変わることは、子どもを見る姿勢や、子どもの成長を見守り、寄り添う考え方であり、ファシリテーターとなることである。そこで端末が子どもの状況をモニタリングしやすくしており、ファシリテーションしやすくなる。本書の実践はほとんどがファシリテーションと言っても過言ではない。例えば支援・環境の「学習の手引き」は、単元や1時間の授業をどう進めていくのかというファシリテーションであると言える。ここでは単元の見通しを示してどのように進めていけばよいかが分かる事例もある。また、1時間の授業においても、どのポイントでどのように学習に取り組めばよいのか記述されている事例も多い。「学びの参照と共有」では、学習の進捗状況が確認できるようにスプレッドシートを工夫して活用している。進捗状況も、ただ終わったことが分かるのではなく、「説明できる」「内容が分かった」「取組み中」などを児童が選択すれば、教師も支援しやすいし、子ども同士でも協働したり他者参照したりしやすい。「モニタリング（学習進度）」では、子ども１人ひとりがこの時間にどのように取り組んでいくのかを入力したり、クラウド上のURLを示したりしていることで、教師も子ども同士も、途中の状況を把握しやすい。これらに共通することは、子ども１人ひとりに学習スペースがあり、１人で取り組むということが原則になっていることである。自分で判断する、自分で決めるという行為が学習のモチベーションと責任にもつながっている。

ICT活用の捉え方

このように、学習者中心の授業に端末とクラウドの活用は欠かせなくなっている。1989年3月に告示された学習指導要領の第１章総則の第１には「学校の教育活動を進めるに当たっては、自ら学ぶ意欲と社会の変化に主体的に対応できる能力の育成を図るとともに、基礎的・基本的な内容の指導を徹底し、個性を生かす教育の充実に努めなければならない」という記述がある。ここに至るまでの流れとして、1984年の臨時教育審議会第二次答申では情報活用能力の育成が取り上げられており、個性を生かす教育とその能力である情報活用能力が位置づけられている（坂元 1990）。また、今後の課題として坂元はコンピュータを活用した指導法を挙げている。

一方、これまで、学校教育では長い間「授業においてICTは効果的に活用されたか」という論点があった。例えば、書写の学習においては、筆がICTに変わって取り組まれてしまうと本質を失ってしまうことは容易に想像がつく。一方、本書で執筆された実践らしくICTを活用するならば、子ども１人ひとりがどのような目的で、どのように学習し、その結果、今日はうまくできたのか、そうではなかったのかを自己評価しながらふり返りを端末で入力し、それがクラウドで共有され、友だちが参照することで学びを得ることができる。前者は教科・領域の議論であり、後者は教科・領域には関係しない議論である。つまり、前者のICTを活用するかどうかについての議論と、後者のICTを活用するかどうかについての議論は分けて捉える必要がある。このことが混ざって議論されると、話がほとんどかみ合わない。

また、後者の指導法は、教科・領域に左右されることがない教科横断的で汎用的なICT活用であり、情報活用能力が学習の基盤としての資質・能力であることを指している。後者は、学校生活でも日常生活でも、いつでも便利に、かつ効率的な活用を目的としているとも言える。

整理すると、教科・領域の活用に関しては、

1. 教科の資質・能力や見方・考え方に応じて、効果的にICTを活用できるかどうかが判断されて活用されるもの
2. 学習者中心の学習活動では、ICTを活用するかしないかは子どもが判断して決めるもの

として議論される必要がある。

また、学習の基盤としての教科横断的で汎用的な活用に関しては、

1. 学校生活、日常生活、家庭学習等で常に活用されるもの
2. 個別最適な学び、協働的な学び、自己調整のために、常に活用されるもの
3. 情報共有、支援、他者参照、情報の収集、整理・分析、まとめ・表現、振り返り等で常に活用されるもの
4. スキルが必要、モラルやマナーは常に問われるもの

として捉えていく必要がある。

GIGAスクール構想以降、教科・領域の活用と、学習の基盤としての教科横断的、汎用的な活用が混ざって議論されてきた。特に教科横断

的、汎用的な活用に理解がない教師ほど、領域固有の考え方のみで議論が進み、議論がかみ合ってこなかった印象がある。常に端末が基盤として汎用的に活用され、教師が学習のゲートキーパーではなく、子どもが情報をコントロールできなければ、「情報技術モデル」を実現していくことは不可能だろう。

授業の時間をどのように捉えるか

学習者中心の考え方として、学習者の自己決定を尊重し、その援助を行うという特性をもち、学習者の自律性を支援することが求められる（鹿毛ほか 1997）。学習者中心の授業に取り組む教師は、子どもは１人ひとり力が違うことや、目標達成の進度やタイミング、学び方の習得状況は違うことを前提に授業を進めている。そして、子どもに目標を設定させたり、学び方を選択させたりするなどしながら、子どもに学習の進行を任せる、子どもが調整するという姿勢で実践を行っている。

また、コロナ禍による子どもの学びの保障や教員の働き方改革の議論によって、端末を活用することで、教員の業務が効率化することや、欠席した児童とオンラインでつなぎ、授業に参加できるような取り組みへの理解は確実に広がってきている。しかし、学習者中心の取り組みについてはなかなか理解が進まない状況にある。

このことは、教師が１時間の授業をどのように捉えているのかにも依存する。１時間の授業の目標を達成するならば、何も子どもが ICT を活用する必要もないし、学習者中心の実践をする必要もない。教師が進めてしまった方が手っ取り早いといえる。実際、本書の実践事例の多くは単元を通して取り組んだことを執筆している。すなわち、たった１時間で身につくような資質・能力ではなく、中長期的に育みたいことを表していると言える。１時間で書くように依頼すれば執筆していただけたのだろうと推察するが、そもそも単元を自由進度で進むような学習は１時間の実践として執筆することは難しい。簡単な知識・技能の獲得であれば、「分かる」「覚える」などが学習目標となるので、暗記したり、沢山書かせたりすればよいので１時間で完結するという考え方で問題はない。しかし、「詳しく説明ができる」ことや、「長い時間繰り返し問答しながら議論ができる」ことを学習目標とするような高次な資質・能力の育成であれば、単元や年間を通した連続的で統合的な学びを続けていかなければ達成は難しい。単純化すれは、「分かる」であれば１時間で達成も可能もしれないが、「できる」となれば１時間ではなかなかむずかしい。できるようになったと思うようになった時に、気がついたら分かっていたくらいがちょうどよいと思う。これまでは習得→活用であったが、活用→習得というイメージも必要となる。

今の子どもたちが大人になって、その時代をどのように生きればいいのだろうか。子どもたちが学校教育で培った力をそのような時代背景の中で発揮できるようになればいいのか。そう考えれば、端末を活用すること、学習者中心の授業づくりをしていくことの必要性が見えてくるのではないだろうか。覚えているけど説明もできないような知識では、世の中を渡り歩いていくことはできないと容易に想像がつくのではないだろうか。

少しずつ学習者中心へと移行する

しかし、急に子ども１人ひとりが自分で学んでいくように変わっていくことはなく、少しずつしか変わることがない。実際には、本書の実践が示すように、1）教師が子どもにゴールや学び方を示し、子どもはそれを真似する、2）教師が子どものレベルに合わせて課題を設定した上で、学び方を教えながら取り組ませる、3）教師は子どもだけで学習できる範囲で任せ、できないところは指導する、4）最終的には教師の指導や支援を少しずつ減らしていくという段階がある。見方を変えれば、1）まずは教師の手本を真似しながら1人ひとりが取り組んでみる段階、2）子ども1人ひとりがスキルや学び方を発揮したり選択したりしながら、3）自分なりに学習を計画して取り組んでみる段階、4）自分の特徴や個性、状況に応じて、獲得したスキルや学び方について自分で発揮したり調節したりしながら取り組むことができる段階がある。このような学びを認知的徒弟制といったり、自己調整学習といったりする。

子どもが端末を活用できるようになることも、段階的な指導と支援によるものである。例えばキータイピングができるようになるためには、1）教師が手本を示し、練習の仕方を教え、2）分からないことは教え、3）よくできたら価値付け、4）1人でもできるようになっていく。また、子どもが1人で学習を計画し、実行していく過程においても、1）教師が示す学習の手引きに従って取り組んでみることから始まるが、2）慣れてきたら、学習の手引きに示す情報を少しずつ減らしたり、3）学習過程のある一部だけを子どもが計画するようにしてみたりしていく。そうして子どもはどのようにして1人で学んでいけばよいかが分かっていくので、4）やがて1時間を計画できるようになったり、5）最終的には単元の多くを自分で進めていけるようになったりしていく。単元や1時間をどのように進めていけばいいか、その学習過程を知っていること、学習過程で情報活用能力が発揮されることも、1人で取り組んでいく上で必要な力となる。

私たち教師は、授業場面のみならず、学級経営や学校生活の多くの場面は認知的徒弟制によって、教師の指示や説明がなくとも子どもだけでもできるように指導してきた。学級経営だと比較的このことは話が通じやすい。例えば、4月に掃除の仕方や給食当番は最初にきちんと手順や大事なことを教えて、繰り返せば、ゴールデンウィークくらいまでには教師が介入しなくてもできるクラスもある。夏休み前にはすっかり教師の指導も少なくなる。しかし、3学期になっても指導しているようであれば、あまりよいクラスとは言えない。つまり、我々教師は学級経営では常に自立を促す指導をしてきたはずである。

授業に関しては、子どもに任せ委ねることに躊躇することも多い。また、急に委ねたところで、子ども自身もどうしたらよいのかが分からないとなる姿もある。少しずつ子どもに委ね、任せていきながら、取り組みたい。大村はま（1994）は「子どに計画をさせるのは一部分だけ」と述べている。教師が導く部分と子どもに任せる部分を、子どもの姿や発達から考えていきたい。

子どもはクラウドを活用してどのように学ぶのか

学習者中心を志向した実践では、学習過程において、学習者の技能や能力面を援助する必要がある（成田 1993）。板書やクラウド上の学習の手引きのみならず、1人ひとりの状況がクラウドで共有されたり、常に他者を参照できたりすることが、その支援となっている。

子どもが個別で学習を進められるように、クラウドに、1）学習過程や学習の手引き、ガイド、学び方を示していること、2）単元の目標や本時のめあて、学習問題や学習課題、本時の評価基準やルーブリックなどを示していること、3）授業で使う教材教具を準備していることで、クラウドが自律的な支援を行っている。これらの授業に関する情報を、授業前に子ども自身が確認する習慣を身につけておくと、挨拶のみで説明なしに授業に入っていけるようにもなっていく。支援・環境の「自発的な協働」「任せる前に鍛える」「学習シート」では、その具体的な支援を読み取ることができる。

そして、何よりも子ども同士が状況を把握しやすくなる。把握しやすくなれば、先生役を担う子どもも増えるし、友だちから学ぶことができるようになり、子どもが困る状況が減っていく。これまでよりも子ども自身が活躍しやすくなる。「カンニングをしてもいいのか」「人の答えを見て、思考できるのか」という意見も聞かれてくる。そのように考える先生は、答え探しの問いの授業なのだろうと予測できる。その時に友だちを参考にすれば、答えを真似する。答え探しのワークシートは穴埋め的なので、答えしか参照することがないからである。結果として答えを確認するための参照しかなく、先生もカンニングだとみなす。

一方、答えのない問いへ挑戦している時には、そもそも答えがないので、答えは真似できない。しかし、友だちがどのように学んでいるのかを学ぼうとする。もちろん確認のための参照がカンニングと見なすか、確認と見なすかは教師の学習観や学級経営の状況、児童生徒の学習への姿勢や態度も影響している。

すでに、クラウドを活用することが前提となるため、子どもが教師の指示や説明がなくても、学習を進めていく上で活用する端末やアプリケーションを操作できるスキルを日頃から鍛え、習得させているかで、学習の進み方のスピードや質が変わってくる。当然、情報活用能力が不足していれば、操作が分からないことで学習はほとんど捗らず、かえって端末を邪魔に思ってしまうだろう。

クラウドを活用した具体的な実践

本稿では、これまでの研究や実践を重んじつつも、現実的で実現可能な実践に取り組んできた学校や教師、クラウドを活用して個別最適な学びと協働的な学びの実践に取り組んでいる学級を調査したり、本書で紹介されている実践を整理したりして、

1. どのような考え方に基づいて授業を設計しているか
2. その考え方に基づいて、授業前にはどのような準備が必要か
3. 授業中はどのように子ども１人ひとりに指導や支援をしているか
4. 協働、共有、参照はどうなっているのか

について、【授業設計、実践を取り組む上での考え方】、【授業前の準備】、【授業中の支援】の観点で、その一例を整理したものである（佐藤ほか 2023 を一部修正、次頁表 1）。端末、クラウドを活用して個別最適な学びと協働的な学びに取り組むきっかけになればという思いで整理をした。これらの具体的な実践は、各事例で参考にしていただきたい。

しかし、注意も必要となる。示されているように取り組めば、学習者中心の授業が実現できるかといえば、一見授業は以前と変わったようにも見える。が、その通りに取り組んだとしても、あまり上手くいかないはずであり、しっくりこないはずである。なぜ、学習者中心の授業に取り組むのか、なぜ、端末を活用するのか、このことについて教師１人ひとりが、未来を生きる子どもたちの姿を想像し、実践の意味や価値を考え、その考えを子どもたちに語り、子どもと共に試行錯誤していきたい。そうでなければ、形だけの学習者中心となり、子どもには響かず、子どもは心からいいとは思わないはずであり、そういう学級の子どもに「今何してる時間？」と聞くと「よく分からない」と答えることが多い。そしてやがて、教師も子どもも実践が形骸化していくはずである。

したがって、本稿で示すことは一例であり、きっかけや入り口に過ぎない。もちろん、本書で実践を紹介する教師たちも、最初は先進校の真似や研究者の助言を元にして取り組んできたはずである。が、最終的には教師の個性が実践を支えている。子ども１人ひとりが自分らしく、そして自分の特徴を踏まえて学習に取り組むことを見つけていく営みの意味を、子どもと共に見い出していただきたい。

〈参考文献〉
・Branson, R. K.（1990）Issues in the Design of Schooling: Changing the Paradigm, Educational Technology, Vol.30, No.4, pp.7-10
・市川伸一（1995）学習と教育の心理学.岩波書店,東京
・鹿毛雅治,上淵寿,大家まゆみ（1997）教育方法に関する教師の自律性支援の志向性が授業過程と児童の態度に及ぼす影響.教育心理学研究,45（2）:192-202
・鹿毛雅治（2021）教師の自律性と教育方法,「個別最適な学び」を問う－「個」の独自性（固有名）を大切にする教育実践へ－.図書文化,東京
・成田幸男（1993）個性化教育のカリキュラム開発と教師の意識改革.カリキュラム研究,1993(2),pp.79-86
・奈須正裕,伏木久始（2023）「個別最適な学び」と「協働的な学び」の一体的な充実を目指して.北大路書房,京都
・大村はま（1994）教室をいきいきと2.筑摩書房
・坂元昂（1990）情報教育の課題.教育学研究,57(3):229-241
・佐藤和紀,手塚和佳奈,稲木健太郎,久川慶貴,泰山裕,堀田龍也（2023）1人1台の端末を活用して個別最適な学びを始めるための小学校教師用チェックリストを活用した実態調査.日本教育工学会2023年春季全国大会講演論文集:471-472

■表１　クラウドを活用した個別最適な学びと協働的な学びの考え方の一例

授業設計，実践を取り組む上での考え方	1	子供は1人1人力が違うことや，目標達成の進度やタイミング，学び方の習得状況は違うことを前提に授業を進められるか
	2	子供に目標を設定させたり，学び方を選択させたりするなど，子供に学習の進行を任せる，子供が調整するという姿勢か
	3	何を学ぶか（内容）だけでなく，どのように学ぶか（方法）や，何ができるようになるかについても教師が重視しているか
	4	子供にどのような考え方で授業を行うのかを説明したり，語ったりして伝えているか
	5	全員に一定の支援ではなく，子供同士の協働による支援，教員による個別の支援など，子供1人1人の状況に応じた支援が必要だと考えているか
授業前の準備	1	子供が個別で学習を進められるように，クラウドに学習過程や学習の手引き，ガイド，学び方を示しているか
	2	クラウドに単元の目標や本時のめあて，学習問題や学習課題，本時の評価基準やルーブリックなどを示しているか
	3	クラウドに授業で使う教材教具を準備しているか
	4	クラウドに載っている授業に関わる情報について，授業前に確認するように指示したり，授業の導入で確認をさせたりしているか
	5	子供が教師の指示や説明がなくても，学習を進めていく上で活用する情報端末やアプリケーションを操作できるスキルを日頃から鍛え，習得させようとしているか
	6	学習形態による学び方，情報の収集，整理・分析，まとめ・表現，ふり返りの方法などの学び方について，日頃から教え，子供自身が自分だけで活用できるように指導しているか
【授業中の支援】課題の設定 学習の進行	1	本時の評価基準やルーブリックは，単元の目標のどこに位置づくかを意識させて，課題を設定させたり，選択させたりしているか
	2	前時まで振り返りが，本時の課題の設定や選択に生かされているか
	3	本時の評価基準やルーブリックに対して，どこまで達成しようとするかを意識させて，子供に設定させたり選択させたりしているか
	4	本時で目標とした評価基準やルーブリックに対してどのように達成するか，子供に行動目標を考えさせたり設定させたりしているか
	5	学習過程で何をどのように使って学ぶか，子供に計画させたり，選択させたりしているか
【授業中の支援】情報の収集 整理・分析 まとめ・表現 ふり返り	1	どのメディア（教科書，書籍，資料集，WEBなど）で情報の収集をするか，子供に選択させているか
	2	学習目標や学習内容に適した妥当なメディアを，子供に選択させる支援をしているか
	3	どのような見方で情報を収集するか，子供に意識させたり選択させたりしているか
	4	収集した情報を，どのように整理・分析するか，子供に選択させているか
	5	学習目標や学習内容に適した整理・分析の方法を，子供に選択させているか
	6	どのような考え方で整理・分析するか，子供に意識させたり選択させたりしているか
	7	整理・分析したことを，どのようにまとめたり表現したりするか，子供に選択させているか
	8	学習目標や学習内容に適したまとめ・表現の方法を，子供に選択させているか
	1	子供が設定したり，選択したりした学習目標や評価基準に基づいて，振り返りを書かせているか
	2	内容だけではなく方法も振り返らせているか
	3	子供が設定したり，選択したりした学習目標や評価基準に基づいて振り返ったことがクラウドで共有されているか
【授業中の支援】共有・協働	1	子供の課題の設定や学び方，進捗状況がクラウドでリアルタイムで共有されているか
	2	クラウドで共有された進捗状況を，教師がモニタリングし，必要に応じて支援を行っているか
	3	クラウドで共有された進捗状況を，子供同士がモニタリングし，必要に応じて参照したり協働したりしているか
	4	学び方を子供に選択させる時に，課題を解決するために適した学び方を選択するように指導しているか
	5	目標の達成のために，学習形態を子供に選択させているか

個別最適な学びと協働的な学びの実現のための 教師の学力観と学習過程

泰山 裕◇鳴門教育大学大学院・准教授

個別最適な学びと協働的な学びの実現には教師の学力観が影響する。学力とは何か、学習とは何か等の考え方の違いが授業のあり方に強く影響する。本稿では、個別最適・協働的な学びの実現に影響する学力観、及び学習過程のあり方について検討する。

はじめに

個別最適な学びと協働的な学びの一体的な充実が求められている。「1人ひとりの児童生徒の資質・能力を伸ばしたい」「それぞれの児童生徒に応じた支援を実現したい」という思いは、全教員に共通する願いであると言えるだろう。

そもそも、子どもは1人ひとり異なる。多様性が認められる時代において、教室の中の多様性もどんどん拡大している。

下の図は、内閣府(2022)が試算した日本の平均的な35人学級の内訳である。

日本の平均的な35人学級には、ギフテッドと呼ばれるような特異な才能をもつ児童が0.8人、およそ1人いる。その子は理解するのが早かったり、他の子どもよりも先の内容を学習しているので、授業中に分かりきったことを黙って聞いているのが苦痛に感じたり、興味をもてなかったりする。

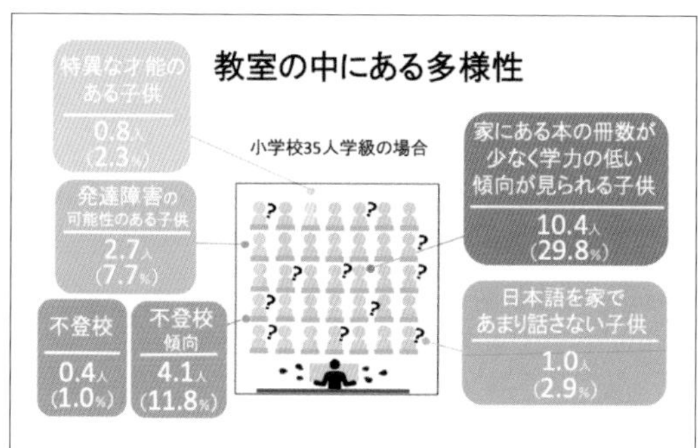

図1　日本の平均的な35人学級の多様性

一方で、同じ教室に家で日本語をあまり話さない児童がいる。外国にルーツがあったり、保護者が日本語が得意でなかったりすることで、日本語の理解が他の子と比べて難しい。普段から日本語を話している子と比べて、学力調査の結果も低い傾向がある。

さらに、家にある本の冊数が少なく、学力が低い傾向にある子が10.4人いる。家にある本の冊数は家庭の経済状況を推し量る指針として用いられており、家庭の経済状況が学力調査の結果に影響することが明らかになっている。そのような家庭環境によって、学力が低い傾向にある子が29.8%である。

発達障害の可能性のある子どもは2.7人おり、不登校、もしくはその傾向がある子どもが合わせて4.5人いる。

このような特徴的な児童でなくても、教室にいる児童は多様である。国語が得意な子もいる。理科が大好きな子もいる。算数が苦手な子もいる。朝ごはんをあまり食べてこない子もいる。

このような多様な児童がいるのが今の教室環境である。

そうなると、これまでのような一斉授業、つまり、みんな同じ内容を、みんな同じペースで、みんな同じ方法で行い、それによって全員が同じだけ理解する、ということが想定しにくい。これまでは教師の指導技術によって、ある一定の基準を全員に達成させていたが、もう教師の努力だけでは、対応しきれないくらいに多様性が拡大してきている。

そのため、それぞれの理解状況に応じて、それぞれのペースで、それぞれの学びを実現しつつ、多様な他者との議論をもとに納得解を見つけるような学び、個別最適な学びと協働的な学びの一体的な充実が求められているのである。

一方で、それぞれの児童に合わせた学びを教師が提供しようとすると、今度は教師がパンクしてしまう。ギフテッドの子や学力が低い傾向にある子には、それぞれの子にあった課題を、日本語を話さない子にはその子が用いる言語で作った教材を提供する、ということを全て教師が行うことは不可能である。

そのため、それぞれの子が自分の学習状況に応じて学習を調整できるような力を鍛えることが求められる。

これは、これからの社会に生きるための能力としても重要になる。VUCAと呼ばれるような、変動的で（Volatility）、不確実で（Uncertainty）、複雑で（Complexity）、明確な答えのない曖昧な（Ambiguity）時代に、この先、大事なことが変わってもそれにいち早く気づき、対応できる学び続ける人材が求められる。

この先、必要となる資質・能力を想定し、それを全て学校教育の中で育てるのには限界がある。そのため、この先何が大事になろうとも、自ら学び、変化に対応できる人材を育てるためには、学校教育の中で、子どもが自ら学ぶ力を育てる必要がある。

多様性への対応という意味でも、これからの社会で求められる人材を育成するという意味でも、児童生徒が自ら学習を調整し個別最適に、協働して進める学びの実現が求められる。

個別最適・協働的な学びの実現に影響する学習観

個別最適・協働的に学ぶ授業の姿を教員研修でお話しすると、「それでは教師の役割が果たせない」「教科等の学びが不十分になってしまうのではないか」「児童生徒に任せてしまうと時間内で指導すべきことが指導できないのではないか」「子どもに任せる前に基礎基本をしっかりと指導しないといけない」などを理由に個別最適・協働的な学びの実現は難しいという意見をもらうことがある。

「児童生徒の資質・能力を伸ばしたい」「よい授業を実現したい」という思いをもっていない教員はいない。しかし、「よい授業とは何か」「よい教師とは何か」のような、教育や学習のあり方に対する信念、価値観が異なるため、同じ授業を見ても、賛成の人と反対の人が出てくる。

教師の学習や指導に対する価値観は授業における行動に影響することが示されている（OECD、2012）。そして、これまでそのような学習に対する価値観は、「構成主義的」と「直接伝達主義的」という2つに焦点が当てられ、研究が進められてきた（CHAN、ELLIOT 2004）。「知識とは児童生徒が自ら構成するものだ」という考えをもつ教員と「知識とは正しい知識を伝達し、記憶させるものだ」と考える教員では、当然、目指す授業の形が異なる。前者は児童生徒が考える時間を確保することが大切になるし、後者では、正しい知識をどれだけ効率的、効果的に児童生徒に伝えるのか、ということが授業設計の際のポイントになる。このように、学習や指導に対する価値観は、そのまま「よい授業」のイメージに直結する。

泰山ほか（2023）は個別最適・協働的な学びの認識やその実現に影響すると思われる項目を

21 項目に整理し、それぞれに項目に対になる価値観を設定し、指導や学習についてのどのような価値観が個別最適・協働的な学びの認識や実現に関係するのかについて、検討している。そこで、ここからはその研究から得られた結果を参考に、個別最適・協働的な学びの実現に影響する学習観について検討していく。

影響する学習観① : 教科等の目標は何か

まず、考えられるのが「教科等の目標は教科内容の理解か、学習方法の習得か」という考え方である。

教科等の目標を「その教科内容の理解である」と考えれば、教科内容をよく理解し、その指導方法を熟知している教師が学び方を計画し、教科等で学ばせたい内容を正確に理解させることが重要になる。一方で、教科等を学ぶ目的が教科内容の理解だけでなく、学習方法の習得も重要であると考えれば、児童生徒に学び方を指導し、それを選択しながら学習を進める機会をもつことが重要になる。

もちろん、どちらか一方だけが重要であるわけでないが、教科等の内容の理解だけを目的とするかどうかという価値観が個別最適な学びへの認識や実現度合いに影響する可能性が考えられる。

影響する学習観② : 授業は誰のペースで進められるべきか

授業のペースを決めるのは教師か、児童生徒か、ということも個別最適・協働的な学びに影響する価値観である。

これまでの一斉指導では授業のペースを決めるのは教師であった。教師は児童生徒の学習状況を適切に見取り、なるべく多くの児童生徒が理解できるように授業のペースをコントロールすることが求められた。

一方、個別最適・協働的な学びでは、それぞれの学習状況は異なるという前提で、自らに合った学習を進めていくことになるため、そのペースは児童生徒自身が決めることになる。このような授業のペースに対する価値観も個別最適・協働的な学びの実現に影響し、これまでの授業設計の教師の経験や価値観の変容が求められる。

影響する学習観③ : 授業設計で検討すること

授業のペースと同様に、授業設計とは何を検討することなのか、という認識も重要な要素である。授業設計とは、どう教えるのかを考えることなのか、どう学ばせるのかを考えることなのか、という考え方である。

これまでの一斉指導では、何をどのように、どの順番で指導するか、どこでどのような活動をさせ、誰と何を考えさせるのかについて、教師が検討する必要があった。そのために教師は教材研究を行い、児童生徒の状況を的確に捉えた上で、この教材で求められている内容をどのように教えるのか、を検討してきた。

個別最適・協働的な学びにおいても、基準となる流れを教師が事前に検討しておくことが考えられるが、その際には、どのように教えるのか、ではなく、どのように学ぶのか、という視点で授業の流れを検討する必要がある。

どのように教えるのか、という検討では、全ての答えを知っている教師が最適だと考えた順番で授業が進むため、ともすれば、児童生徒になぜそのように学ぶのかが共有されないことがある。そのため、児童生徒はこの活動がどのような学びにつながるのか、を意識することなく、とりあえず先生がやれといっているからやるというような学び方になることが多い。そのような学び方では、児童生徒が自らの学習を調整できるようにはならない。教師はその教科等のプロとして、その教材をどのように学ぶことが教科としての深い学びにつながるのかを検討することが求められるだろう。

このような授業設計の際に何を検討すべきか、という考え方も個別最適・協働的な学びの実現に影響する。

影響する学習観④ : 黒板の役割

個別最適・協働的な学びでは、黒板に求められる役割の変化が想定される。板書とは何を学んだのかが分かるように整理すべきなのか、それともどのように学ぶのかが分かるように整理すべきなのか、このような板書に対する考え方も個別最適・協働的な学びに影響する。

一斉授業では、板書は児童生徒の意見や教科書の内容を構造的に整理した板書が求められ、授業が終わった後に、板書を見れば、その授業で児童生徒が何を学んだのかが分かるようにまとめることが重要だとされていた。

そのような板書にするためには、教員が黒板の前に立ち、教科書の内容や児童生徒の発言を教師が把握し、それを構造的に整理する必要がある。つまり、教師が頭を働かせて学習内容を整理する授業である。児童生徒は、教師の解説を聞き、たまに問われる質問に回答することで、学習が進んでいく。教師の解説を理解し、板書での整理が自分に合っている児童生徒にとっては学びが深まるだろうが、先生の解説が理解できなかったり、自分の整理の仕方と合わなかったりする児童生徒の場合、学習内容を理解することは難しい。さらに教師が代わりに整理・分析をしてくれるため、児童生徒が自分で整理・分析する機会も無くなってしまう。

一方、個別最適な学びの場合、黒板にはどう学ぶのかが示されることが多い。教科等には達成すべき目標があり、そのために外せないポイントがある。そのため、この時間で達成すべき目標は何なのか、そのために着目すべきポイントはどこなのか、というようなことが黒板に示される。黒板ではなく、Google Classroom 等に示した上で、今日の授業で大事になることを板書で説明することもあるだろう。

影響する学習観⑤：学習のあり方に対する考え方

学習とは一歩一歩地道に進めるべきなのか、それとも可能な限り効率的に進めることが望ましいのか、このような学習そのものに対する考え方も影響するだろう。

学習とは、苦労して地道に進めるべきものだと考える教員にとって、友だちの学習過程を参考にしながら進めたり、すぐに情報を調べられる情報端末を活用したりして学ぶことは、望ましい学習の姿には見えないかもしれない。

一方で、使えるものはなんでも使って、できるだけ効率的に学ぶことが重要だと考える教師にとっては、情報端末の活用は前提となる。

地道に進めることで得られる学びもあるため、効率的に進めることばかりが推奨されるわけではないが、自らの学習状況に合わせて、できるだけ効率的に学びを進めるという価値観も重要となるだろう。

これまで、研究結果から個別最適・協働的な学びに対する認識やその実現に影響すると考えられる学習や指導に対する価値観について検討してきた。

どちらか一方が正しく、他方が間違っているというわけではないが、このようなポイントを意識しながら、どのような学習を目指すのか、よい授業とは何か、ということを教員間で擦り合わせていくことが、学校全体で個別最適・協働的な学びを実現するためには、重要になると考えられる。

児童生徒、保護者の学習観

同時に、児童生徒にも、学習観の変化が求められる。多くの児童生徒はこれまでの学習経験上、「学習とは先生がうまく教えてくれるもの」という価値観をもっている場合が多い。そのため、学習の進め方を児童生徒に任せた際に、「先生が教えてくれない」という意見をもつこともある。特に中学、高校の場合、特定の教科だけが個別最適・協働的な学びにチャレンジし、他の教科が一斉授業を続けていた場合、「国語の先生だけ何も教えてくれない」というようなクレームにつながることもある。それは保護者も同様である。

個別最適・協働的な学びの実現のためには、学校全体で取り組むと同時に、児童生徒や保護者に対して、その目的や、学校として育成したい資質・能力について説明し、児童生徒、保護者の学習観も合わせて変えていくような働きかけも重要となるだろう。

探究的な学びを実現する

これまで、個別最適・協働的な学びの実現に関係する学習観について検討してきた。個別最適・協働的な学びでは、児童生徒は教科書や友だちの学習過程、ネット上の情報等をもとに、学習対象に対する自分なりの考えを整理し、それを友だちと議論することで理解を深めていくような探究的な学びが行われる。

このように、児童生徒が自らの学びを自分の学習状況に合わせて調整できるようにするためには、まずは学び方を明示的に指導し、任せるような指導が重要である。

そのためには、どの授業においても共通の学び方を意識しながら学習を進め、学習の主導権を少しずつ教師から児童生徒に渡していくことが求められる。

その際に、活用できるのが「探究的な学習の過程」の枠組みである。

探究的な学習の過程とは学習指導要領解説総合的な学習の時間編で示されている、学習過程である。「課題の設定」「情報の収集」「整理・分析」「まとめ・表現」という過程で学習を捉えるものである。

この図は総合的な学習の時間における学習過程を示したものであるが、このような過程で学びを進めることは各教科等でも行われてきた。しかし、ともすれば、教員が課題を示し、その課題解決のために必要な情報を教員が集め、厳選して児童生徒に渡し、児童生徒の言葉を教員が板書で構造的に整理し、児童生徒の言葉を使って教員がまとめる、というような教師主体の授業になることがある。このような授業では、学習の主導権は教員にあり、それを続けているだけでは、児童生徒が自ら学びを進められるようにはならない。

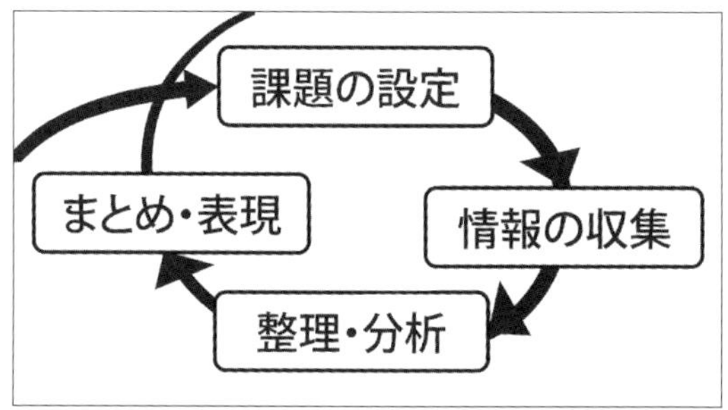

図2　探究的な学習の過程

児童生徒に自ら学習を進めてもらうためには、学習過程を意識させ、それぞれの過程で必要な方法を示し、少しずつ学習の主導権を児童生徒に渡していくことが必要である。

最初は学習過程の全てを児童生徒に委ねることは難しいだろう。そのため、例えば、「課題の設定」は教員、その課題を解決するためにどのような情報が必要か、その情報を集めるために、教科書、ネット、誰かに聞く、等のどのような方法をとるのか、は児童生徒が決める、というように、少しずつ児童生徒の主導権の範囲を広げていくことが求められる。

各教科等にはそれぞれの学習過程が示されているが、どの教科等にも当てはまる、探究的な学習の過程で学習を捉えることで、どの教科等においても同じ過程で学習を進めることができ、児童生徒がそのような学び方に慣れやすくなるだろう。

もちろん、教科等ごとにそれぞれの学習過程にかける時間や注意点などが異なる。例えば、国語の物語文では、教科書の記述から情報を集め、それをもとに議論することが求められるだろうし、社会科では統計資料などの情報が重要になる。理科では、まず仮説を立てるための探究、実験や観察等の計画を立てるための探究、結果の解釈、分析のための探究、など、探究的な学習の過程を何度も繰り返すことが求められる、など、教科等ごとの特性が考えられる。

いずれは、そのような教科の特性に応じた学び方を児童生徒が意識しながら学習を進められるようになることを期待したい。

個別最適・協働的な学びの実現に向けて

個別最適・協働的な学びに実現のためには、教員や児童生徒、保護者の学習観を検討すること、そして、各教科等の学びを探究的にしていくこと、それぞれの学習過程の主導権を少しずつ児童生徒に渡していくこと、がポイントになると思われる。

図3はそのような学習の実現に至るプロセスをイメージした図である。縦軸に教科内容の理解の度合い、横軸に情報活用能力や学び方の習得・発揮の度合いを示している。

一斉授業は教科内容を理解させるために、教師が授業の流れを検討して指導するため、教科内容はある程度理解できるが、学習方法は発揮されない、①に位置付くことになる。

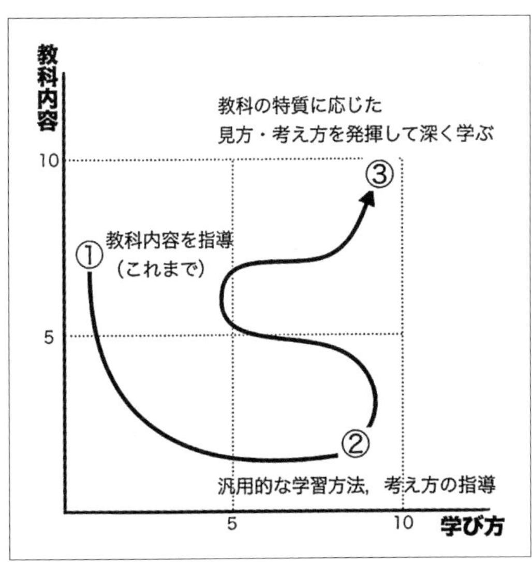

図3　個別最適・協働的な学びで教科内容を深めるまでの順番のイメージ図

理想的には児童生徒が自ら学び方を習得、発揮しながら教科等の深い学びに達する③に位置付く学びが期待される。しかし、児童生徒に任せたらいきなり自分たちで教科の学びを深めていく、ということは考えにくい。まずは、どの教科等でも通用するような学び方を教科等の授業を通して指導したり、学び方を児童生徒に委ねたりしながら、学び方自体を習得、発揮させることが目的になる②に位置付く授業が行われるタイミングが必要である。その際には、これまでと比べて学びが浅くなってしまったり、教員が進めるときよりも余計に時間がかかってしまったりすることもあるだろう。

しかし、それを乗り越え、児童生徒が学び方自体を習得し、発揮できるようになれば、教師はその方法で教科の学びは深まるのか、を気にしながら指導ができるようになる。そうすることで③に到達することができるだろう。

一方で、教科の学びが浅くなることを恐れて、児童生徒に任せることをやらずにいると、いつまで経っても③のような授業の実現は難しい。

個別最適・協働的な学びの実現のために、教員自身が児童生徒とともに探究を続けながら、授業の質を高めていくことを期待したい。

〈参考文献〉

・内閣府（2022）Society 5.0の実現に向けた 教育・人材育成に関する政策パッケージ，https://www8.cao.go.jp/cstp/tyousakai/kyouikujinzai/saishu_print.pdf

・OECD（2012）OECD 教育白書：効果的な教育実践と学習 環境をつくる（第1回 OECD国際教員教授・学習観調査(TALIS)報告書）．明石書店，東京

・CHAN, K. and ELLIOT, R. G. (2004) Relational analysis of personal epistemology and conceptions about teaching and learning. Teaching and Teacher Education, 20: 817-831.

・泰山裕，佐藤和紀，大久保紀一朗，三井一希，板垣翔大，堀田龍也（2023）学習の個性化を目指した授業に対する認識に影響する学習および指導についての価値観の検討．日本教育工学会，2023年秋季全国大会講演論文集：529-530

学習者主体の授業を支える 情報活用能力

大久保紀一朗◎京都教育大学教職キャリア高度化センター・講師

学習の基盤となる資質能力の１つとして示されている情報活用能力だが、そもそも情報活用能力とはどのような能力で、学習者主体の授業の基盤としてどのように働くのだろうか。情報活用能力そのものと、授業の基盤として働いている事例について解説する。

基盤としてはたらく情報活用能力

学習指導要領総則では、情報活用能力が言語能力と並んで、学習の基盤となる資質・能力として位置付けられている。情報活用能力の育成に関しては、各教科等の特性を生かしつつ、教科等横断的な視点から教育課程の編成を図るものとして明記されている。

生活場面で情報活用能力が基盤として働くということについて考えてみる。例えば旅行で宿を決める際、色々な宿について調べ、部屋の様子や料金、食事、さらにはネット上の口コミなど、旅行先の宿についての情報を、信頼できる情報なのか考えながら集めるのではないだろうか。その上で、集めた情報を整理して、いくつかの宿に絞り込み、比較し、最終的に宿泊する宿を決める。この、宿を決めるという一連のプロセスにおいて、情報を集める、情報の信頼性を検討する、情報を整理する、情報を取捨選択するといった情報活用能力が基盤としてはたらいている。このように、情報活用能力は学習はもとより私たちの生活場面においても、基盤としてはたらいており、当然、情報活用能力が高い方が、希望に沿った宿を見つけ出すことができる。このように、情報活用能力は表には見えにくいが、重要な役割を担っている。これが基盤として働くということである。

これを学習に置き換えれば、情報活用能力が身についていれば、学習の成果が高まることは容易に想像できる。当然、身についていなければ発揮できないので、基盤となる資質・能力としてその育成が求められている。また、資質・能力として示されていることからも分かるように、情報活用能力は一度指導すれば身につくような力ではない。育成と発揮を繰り返し経験することによって、徐々に身についていく力だと考えられる。学習の基盤として働かせることによって、育成と発揮が繰り返されることによって育成されていくのである。

では、情報活用能力とは具体的にどのような能力なのだろうか。

情報活用能力の具体

情報活用能力についても、各教科等において育むことを目指す資質・能力と同様に、「知識及び技能」「思考力、判断力、表現力等」「学びに向かう力、人間性等」の３つの柱で捉えることが提言され、以下のように整理されている。

◎**知識及び技能**

【何を理解しているか、何ができるか】

情報と情報技術を活用した問題の発見・解決等の方法や、情報化の進展が社会の中で果たす役割や影響、技術に関する法・制度やマナー、個人が果たす役割や責任等について、情報の科学的な理解に裏打ちされた形で理解し、情報と情報技術を適切に活用するために必要な技能を身につけていること。

◎**思考力、判断力、表現力等**

【理解していること、できることをどう使うか】

様々な事象を情報とその結びつきの視点から捉え、複数の情報を結びつけて新たな意味を見いだす力や問題の発見・解決等に向けて情報技術を適切かつ効果的に活用する力を身につけていること。

◎**学びに向かう力、人間性等**

【どのように社会・世界と関わりよりよい人生を送るか】

情報や情報技術を適切かつ効果的に活用して情報社会に主体的に参画し、その発展に寄与しようとする態度等を身につけていること。

この整理に基づいて、文部科学省の委託事業「IE-School」によって、各学校での実践・研究を踏まえて体系化され例示された情報活用能力が図１である。

ここで例示されている情報活用能力について、学習者主体の授業の基盤としてどのように働くかを解説する。

分類			
A. 知識及び技能	1	情報と情報技術を適切に活用するための知識と技能	①情報技術に関する技能 ②情報と情報技術の特性の理解 ③記号の組合せ方の理解
	2	問題解決・探究における情報活用の方法の理解	①情報収集、整理、分析、表現、発信の理解 ②情報活用の計画や評価・改善のための理論や方法の理解
	3	情報モラル・情報セキュリティなどについての理解	①情報技術の役割・影響の理解 ②情報モラル・情報セキュリティの理解
B. 思考力、 判断力、 表現力等	1	問題解決・探究における情報を活用する力 （プログラミング的思考・情報モラル・情報セキュリティを含む）	事象を情報とその結び付きの視点から捉え、情報及び情報技術を適切かつ効果的に活用し、問題を発見・解決し、自分の考えを形成していく力 ①必要な情報を収集、整理、分析、表現する力 ②新たな意味や価値を創造する力 ③受け手の状況を踏まえて発信する力 ④自らの情報活用を評価・改善する力　等
C. 学びに向かう力、 人間性等	1	問題解決・探究における情報活用の態度	①多角的に情報を検討しようとする態度 ②試行錯誤し、計画や改善しようとする態度
	2	情報モラル・情報セキュリティなどについての態度	①責任をもって適切に情報を扱おうとする態度 ②情報社会に参画しようとする態度

図1　IE-Schoolにおける情報活用能力の例示

学習者主体の授業

学習者主体の授業を実現する上で重要なことの１つに、どのように学習を進めるかという、学習過程を学習者自身が理解していることが挙げられる。

GIGAスクール構想の実現により、個別最適な学びと協働的な学びが一体的に充実した、学習者主体の授業を実現しようと、各地で授業改善の取組みが続けられている。授業改善の取組みの事例に共通することの１つとして、１時間の授業の学習過程をGoogle Classroomを通じて、学習者である児童生徒とあらかじめ共有しておくという方法がある。その際に、各教科の学習過程をを共通する学習過程で示すために、１時間の授業の学習過程を探究的な学習の過程（図2）で整理して示す取組みが見られる（図3）。

そこで、探究的な学習の過程に沿って、それ

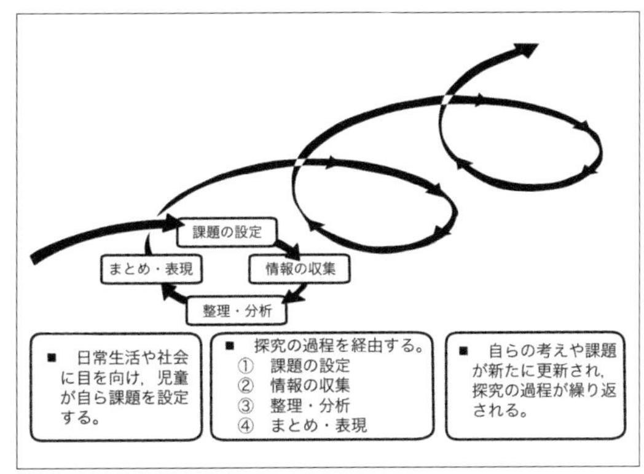

図2　探究的な学習の過程

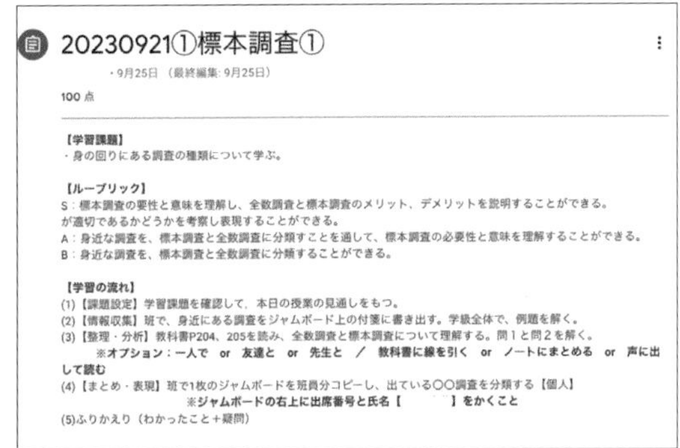

20230921①標本調査①

・9月25日（最終編集: 9月25日）

100 点

【学習課題】
・身の回りにある調査の種類について学ぶ。

【ルーブリック】
S：標本調査の要性と意味を理解し、全数調査と標本調査のメリット、デメリットを説明することができる。
が適切であるかどうかを考察し表現することができる。
A：身近な調査を、標本調査と全数調査に分類すことを通して、標本調査の必要性と意味を理解することができる。
B：身近な調査を、標本調査と全数調査に分類することができる。

【学習の流れ】
(1)【課題設定】学習課題を確認して，本日の授業の見通しをもつ。
(2)【情報収集】班で、身近にある調査をジャムボード上の付箋に書き出す。学級全体で、例題を解く。
(3)【整理・分析】教科書P204、205を読み、全数調査と標本調査について理解する。問１と問２を解く。
※オプション：一人で　or　友達と　or　先生と　／　教科書に線を引く　or　ノートにまとめる　or　声に出して読む
(4)【まとめ・表現】班で1枚のジャムボードを班員分コピーし、出ている〇〇調査を分類する【個人】
※ジャムボードの右上に出席番号と氏名【　　　】をかくこと
(5)ふりかえり（わかったこと＋疑問）

図3　Google クラスルームで共有された学習過程

ぞれの過程において情報活用能力がどのように基盤としてはたらくのかを解説する。

課題設定における情報活用能力

学習者主体の授業では、Google Classroom などのクラウドシステムを通じて様々な情報が共有される。ただし、いくら教師がクラウド上で情報を共有していても、学習者である児童生徒がクラウド上の情報にアクセスできなければ意味がない。そこではクラウドシステムに関する知識・技能が求められる。また、アクセスした情報から自分に必要な情報を取り出したり、取捨選択するためには思考力、判断力、表現力等をはたらかせる必要がある。

学習者主体の授業では課題設定場面において、学習者１人ひとりがどのように学習に取り組むかめあてを立て、そのめあてを Google Chat 等のクラウドツールで共有する取組みも見られる（図 4）。Google Chat で情報共有することによって、めあての立て方を学んだり友だちの課題意識を知ったりすることができる。ここでは、チャットに対する知識・技能やタイピングによる文字入力の技能はもちろんのこと、クラスの仲間１人ひとりの学びをよりよくしようと情報共有する姿勢が求められる。これは、情報活用能力の学びに向かう力、人間性等にあたるものである。

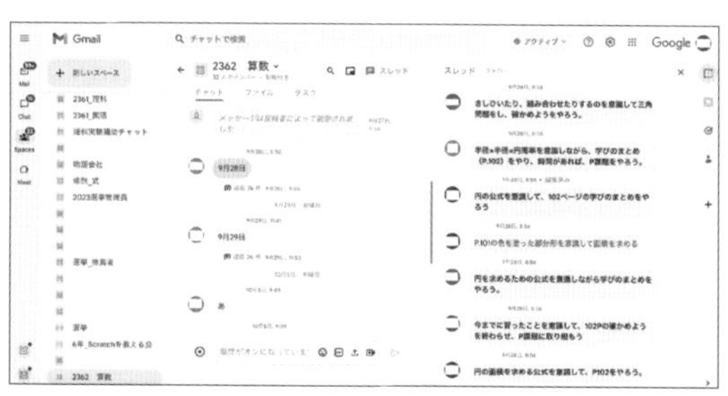

図4　チャットで共有された学習のめあて

情報収集における情報活用能力

学習者主体の授業においても、情報収集の基本は主たる教材である教科書からの情報収集となる。教科書から必要な情報を収集できるか、ということがポイントとなる。これは必要な情報を収集する力であり、情報活用能力の思考力、判断力、表現力等にあたる。学習者が教科書から必要な情報を取り出せるようになるには、教科書では情報がどのように構造化されていて、どのように結びついているか（図 5）、ということを学習者が理解し情報を収集できるように指導し、情報活用能力を育成することが必要である。

また、学習者主体の授業では学習者１人ひとりが、インターネット上の情報など、教科書以外のメディアからも主体的に情報を収集する（図 6）。情報収集に適したメディアを選択するためには、情報と情報技術の特性といった情報活用能力の知識・技能に基づいた判断が必要となる。また、自分が収集している情報の信憑性を検討したり、著作権や肖像権といったことに留意したりすることが求められる。そこでは、

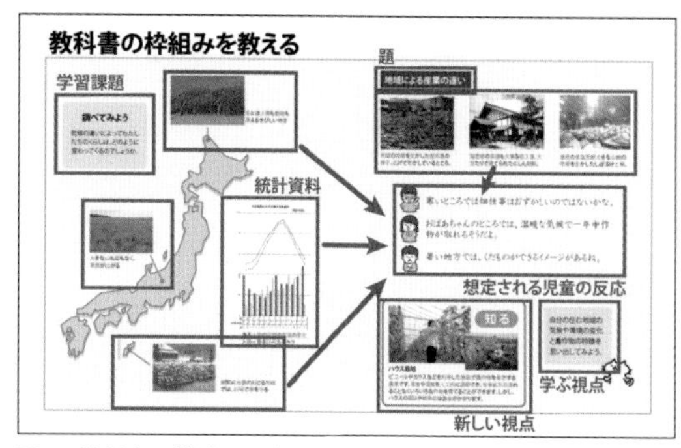

図5　教科書の構造を分析した例（イメージ）

図6　様々なメディアから情報を収集する様子

情報を多角的に検討しようとする、情報活用能力の学びに向かう力、人間性等が必要とされる。

整理・分析における情報活用能力

整理・分析の場面では、それまで集めてきた情報を、目的に応じて整理・分析していく。従来の一斉指導の授業では、教師が情報の整理分析の方法を統一して示し、学習者はそれに従って情報を整理すればよかった。しかし、学習者主体の授業では、最終的には学習者1人ひとりが整理分析の方法を選択したり、決定したりすることが求められる。情報の整理の仕方といった、情報活用能力の知識・技能に基づいて、適切な方法で情報を整理することが求められる。もちろん最初からできるわけではないので、様々な方法を経験（図7）し、繰り返し活用することを通して、情報活用能力を高めていく必要がある。

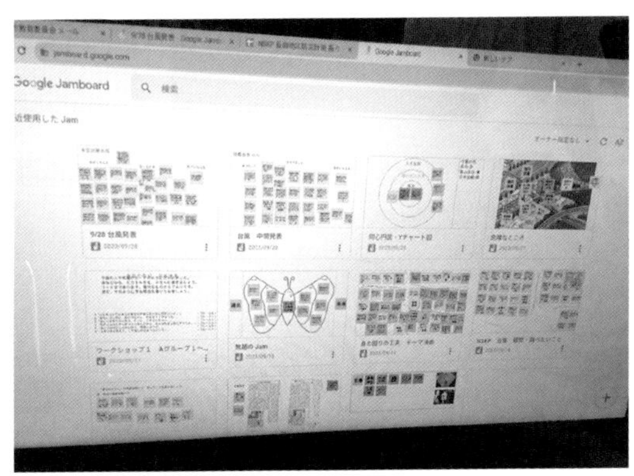

図7　様々な方法での整理・分析の経験

また、時としてうまく学習が進まない状況も出てくる。整理・分析がうまくいかない原因として、情報収集が不十分だった場合や、整理・分析の方法が不適切だった場合などが考えられる。その際に、再度、情報収集を行い必要な情報を集めることや、他の方法で整理・分析を試みることが必要となる。こういった場面においては、情報活用の計画や評価といった情報活用能力の知識・技能に基づいて、粘り強く試行錯誤したり、計画を改善したりするといった、情報活用能力の学びに向かう力、人間性等が必要となる。学習経験の積み重ねによって、情報活用能力を身につけていけば、小学校第1学年の児童であっても、学習の一部ではあるが主体的に情報を整理・分析し、学習を深めることが可能である（図8）。このような経験の積み重ねによって、情報機器の基本的な操作や情報収集や整理・分析の方法について学び、情報活用能力を高めていくのである。

図8　情報を整理・分析する小学校1年生

まとめ・表現における情報活用能力

まとめ・表現の場面では、整理・分析の結果を受けて、自分なりの考えをまとめ、何らかの形で表現する。ここまでの段階で、情報収集で必要十分な情報を集め、適切な方法で整理・分析ができていることが、学習者の考えをまとめることの基盤となる。

表現に関しては、機器操作といった知識・技能が十分に身についていれば、他のアプリで作成した資料も活用して、Googleスライドや

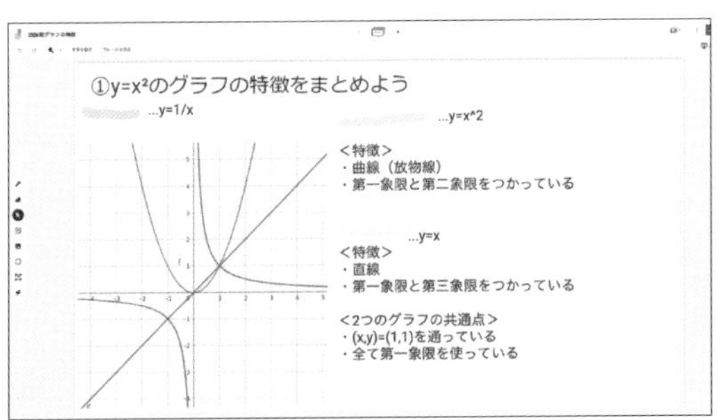

図9　グラフと組み合わせて学習の成果をまとめた例

Google Jamboardを活用して自分の考えを表現することができる（図9）。また、自分の考えを表現するに当たってどのような情報を相手に伝えるか、受け手の状況を踏まえて情報を発信する、情報活用能力の思考力、判断力、表現力等も欠かせない。

情報を発信するに当たっては、自分の発信する情報に責任をもち、法や倫理に照らし合わせて適切に発信する必要があり、情報活用能力の学びに向かう力、人間性等が必要である。

授業の主体と情報活用能力

ここまで見てきたように、学習者主体の授業においては、いずれの場面においても情報活用能力が基盤として働いている。逆に言えば、教師主体の授業では学習者が情報活用能力を働かせることはそれほど求められない。働かせることがなければ、育成されることもない。

授業の主体を学習者にするには、その基盤として情報活用能力を育成することが欠かせない。基盤となる情報活用能力を身につけさせずに、学習者主体の授業をしようとしても学習として成立しないであろうし、形だけを取り繕えたところで学習を深めることはできない。学習者に学習の基盤として必要な情報活用に関する指導をした上で、少しずつ授業の主体を学習者に移譲していき、情報活用能力を発揮する場面を増やしていくことで、情報活用能力が基盤として働く、学習者主体の授業が実現できる。

学習者主体の授業が目指すもの

学習者主体の授業が目指すのは、自立した学習者の育成である。自立して学習できるようになるためには、学習内容の理解だけではなく、学習方法を理解し、身につけることが必要となる。

これまでは、学習内容をいかに分かりやすく伝えるか、理解できるように道筋をつけるか、ということが教師の役割として求められてきたように思う。しかし、いつまでも教師がその役割を担っていると、教師がいなくなった途端に学び方が分からないという状況が生まれてしまう。

そうならないためには、どのように学んだら学習内容を理解できるか、学習方法についても学習者が理解し、身につけながら学習内容について学びとっていけるような授業への転換（図10）が求められている。

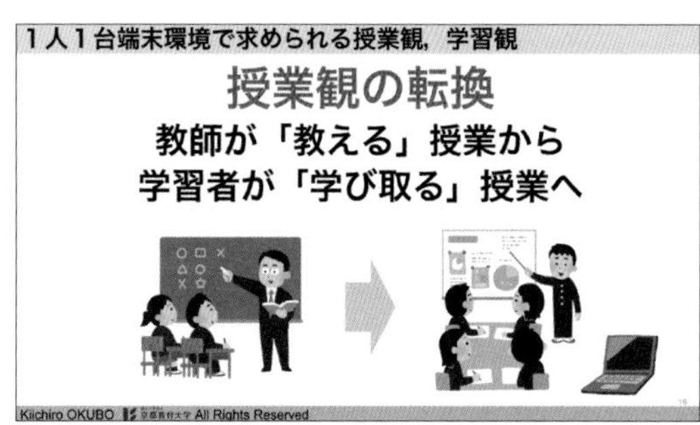

図10　求められる授業観の転換

情報活用能力は学習の基盤となる資質・能力の１つである。時代が変わり、学ぶべき内容が変わったとしても、学習者が自立して学ぶために、情報活用能力が重要な資質・能力であることは変わらないと考えられる。だからこそ、これまで以上に全ての学習者が身につけることが求められている。

目標　個別最適な学びの実現

必要な要素

先生が示した学び方を参考に自分で進める	自分で学び方を計画して学ぶ	友だちの過程を参考に／協働して進める	必要に応じた教師の支援	基盤となるスキル、考え方、心構え

そのための手立て（2）

毎時間の学びを支援する学習の手引き	学習の計画／学習シート	学びの参照と共有	教師のモニタリング・学習進度・多様な学び	協働の促し	任せる前に鍛える
低学年で何をどれだけ示しているか 2-01 高学年で何をどれだけ示し、決めさせているか 2-02 中学校で何をどれだけ示し、決めさせているか 2-03 特別支援教育で何をどれだけ示し、決めさせているか 2-04 評価基準をどのように示し、共有しているのか 2-05	手引きの内容の一部をみんなで相談する 2-06 本時の学習計画シート 2-18 単元の学習計画シート 2-19 振り返り、リフレクションのための学習計画シート 2-20	必要に応じた他者参照・途中共有 2-07 08	学習進度をフォルダ共有で一覧で見せる 2-09 10 多様な学び方をどう見取り、どのように支援しているか 2-11 12	子どもが協働するとき（自発を促す） 2-13 子どもが協働するとき（自分で共同相手を見つける） 2-14 任せるにあたっての不安→挑戦 2-15	ICTのスキル、学びの技、保証しておきたい学習経験 2-16 17

授業デザイン（3）

1時間の授業	1時間の授業	1時間の授業	1時間の授業	1時間の授業	1時間の授業	1時間の授業
単元を通じて			単元を通じて			

教師への支援（4）

- 研究主任・研修主任による支援
- 教務主任による支援
- 学校管理職による支援（保護者への説明・体験）
- 市町村指導主事による支援（初任者指導含む）
- 都道府県指導主事による支援

※数字は本書の内容項目に該当しています。

個別最適な学びと
協働的な学びを充実させるための

[教師の学習観]

◎「自分らしい」学びをどう支えるか
◎自分が何を為したいかを大切にして仕事を進める
◎学習観の更新につながる教師の学習経験

教師の学習観

01 「自分らしい」学びをどう支えるか

個別最適な学び・協働的な学びを一体的に充実させるために、「個別って何?」「協働ってどうやるの?」のような、一定の成果があるものとして捉えることは危険である。「その子らしさ」「その子らしい学び」という視点から子どもたちの学び方を再検討する必要がある。

久川慶貴

藤山台小31601
5月6日 (最終編集: 18:00)

5月6日(木) 5時間目「国民主権」
【課題】
くらしの中に潜んでいる「国民主権」について説明しよう

【ゴール】
B:くらしの中の国民主権について1つ説明することができる
A:2つ以上説明することができる
S:身近な例や経験と関連づけて説明することができている

【流れ】

1人ひとりの「らしさ」を引き出す学びへ

小学校6年生国語科、「『鳥獣戯画』を読む」の学習において、筆者である高畑勲について学習した児童の振り返りである。

「今日は、チャットに送られた動画を見て高畑勲とはどのような人物なのかを考えました。高畑勲は、前の単元の「やまなし」の作者、宮沢賢治に憧れていたということが分かりました。そして、宮沢賢治作の「セロ弾きのゴーシュ」をアニメ化したのが高畑勲ということが分かりました。そのことから高畑勲は、憧れの宮沢賢治のような名作を作りたかったのではないかと考えました。高畑勲作の作品には、有名な火垂るの墓がありました。私も、「この子のこんなところすごいな、自分もやりたいな」と思い、参考にすることがあります。例えば、計画を立てる時にどう立てようかなやんでいる時、友だちのを参考にすることがあります。そのような感じで高畑勲も宮沢賢治のことに憧れてたくさんの作品を作ってきたのかなと思いました。

次回は、高畑勲の思いを意識して要旨を探したいと思います。」

もちろん、本当に高畑勲が宮沢賢治に憧れていたのかという点では厳密に調べられていない可能性は否めない。しかし、『この子のこんなところ～…』の部分からは、この子が自分の生活や学習経験と比較しながら自分なりの学びを創り上げていることが想像できる。このように、私はその子にしか言葉にできない学びを実現するために実践を続けてきた。

1人ひとりを大切にして、力をつける、いわゆる個別最適な学び、協働的な学びは100年近く前から原型となるものが国内外で実践されてきた。一方で、方法論や準備、環境などの面で普及・継続が難しかったともいえる。1人1台端末とクラウド環境が整備され、情報や活動の共有が容易に行われるようになり、1人ひとりに質の高い活動が見られるようになった。

具体的な授業の様子

教室では、何を学ぶのか、どのように学ぶのかを子どもたちが自己決定している。個人で動画を見ながら情報を集める子、グループで話し合いながら情報の整理する子たち、など様々である（図1、2）。子どもたちの学びが複線化した教室において教師はどのような考え方で指導を行い、クラウドを活用していく必要があるのかを述べる。

図1　個人で情報を集める

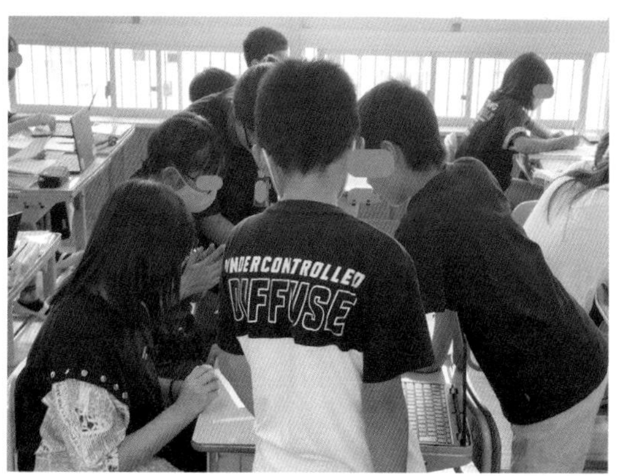

図2　グループで話し合う

教師は学び方を教える

私の初任期は端末もクラウドもなく、「学習規律」や「教えて・考えさせる」という教師がいかに学習におけるマナーを整えて、教師が端的に教えるかということに注力していた。

学習規律という言葉に対しては様々な議論があるものの、「子どもたちが学びやすくなるための最低限の指導」という視点で捉えることが重要だと考える。例えば、的確な指示や説明で不要な迷いを減らすこと、どのように話し合えば互いに不快な思いをせず、建設的なものになるのか、環境面で言えば、話し合うときの机の配置など学習を進めるためのルールなどを共有しておくことで、学習を円滑にすすめることができる。Google Chat の使い方、Google Chat 上での話し方、他者の Google Jamboard の参照の仕方なども学習におけるマナーだと言える。図3は、修学旅行の振り返りのドキュメントを途中段階でも共有している様子である。こういった学習活動においても、URL のコピーの仕方、貼り付け方、閲覧の権限の設定の仕方など、具体的な方法をいくつも指導する必要がある。

学習のマナーは体験的に、そして繰り返すことで、徐々に身につくものであることを私たちは自覚する必要がある。一回言えばできるよう

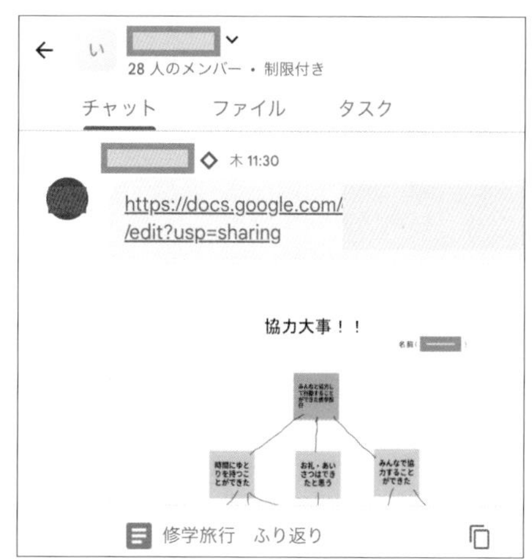

図3　学習活動を Google Chat で共有する

になることはない。何度も体験して、失敗を繰り返して、徐々に慣れていく。私たちがスマートフォンに慣れていった経緯を想像するとよいだろう。購入してすぐは、最初はロックの解除にすら戸惑い、電話すらうまくかけることができなかったのではないだろうか。しかし、便利だから何度も繰り返す、そのうちに使い方に慣れてくる経験をしているだろう。

現在は、子どもたちが教科書や資料集以外の多様なリソースから情報を集められるようになった。だからこそ、学び方を指導することが重要になってくる。しかし、過度な制限によって、教師が子どもたちの情報源へのアクセスに対するゲートキーパーになっている可能性がある。子どもたちが自分で情報を集め、整理して伝えられるようになるためには、情報の集め方、情報の整理の仕方など、子どもたちの活動の仕方や留意点を具体的に示すことの重要性が相対的に高まる。その際に、これまでどおりの黒板や教室掲示、教師の言葉だけで挑むことは難しい。そこで、クラウドの力を借りる。図４のようにGoogle Classroomに１時間の流れを示している。

５月６日（木）５時間目「国民主権」
【課題】
くらしの中に潜んでいる「国民主権」について説明しよう

【ゴール】
B：くらしの中の国民主権について１つ説明することができる
A：２つ以上説明することができる
S：身近な例や経験と関連づけて説明することができている

【流れ】
(1) ノートに課題を書く（５分）
(2) 【情報の収集】動画から情報を書き出す
(3) 【整理・分析】身近な例を挙げ，比較する
(4) 【まとめ・表現】ゴールをみながら，振り返りを書く

<動画>
https://www2.nhk.or.jp/school/movie/

図4　学び方を示した投稿

図４に示されていることは、本時は何を学ぶのか【課題】、それを達成したと言えるのはどのような状態か【ゴール】、本時はどのように学ぶとよいのか【流れ】、参考資料である。これらの情報を黒板に示すことも可能ではあるが、限られた時間の中では現実的ではない。この情報の扱い方は発達段階や学級の状態に応じて変わっていく。４月や５月の学級が始まったばかりの状態では、示した情報を丁寧に解説しながら、教師の指示に合わせて活動をさせていく。徐々に教師の指示や解説を減らして、子どもたちが自分で活動できたように感じさせていく、などの方法が考えられる。

できる・できないに対する感覚を変える

私の初任期は、いかに教師が教えて、子どもたちが「できる」ようにするか、であった。なので、学習が得意な子から苦手な子まで、全員を強制的にゴールへ連れていくことに力を割いてきた。もちろんこの感覚も重要ではあるが、今思い返せば、子どもにとっても教師にとっても苦労が多かったのではないかと思う。学び方を伝え、子どもたちの活動を支えていく中で重要なことは、私たちの「できる・できない」に対する感覚である。九九の二の段のように、言えるか言えないかで判断できるような知識・技能と、情報をどのように集めるか、集めた情報をどのように整理するかなどは、習得の方法や習得にかかる時間が異なる。「できる・できない」ではなく、「現段階より伸びたかどうか」で必要がある。「伸び」に注目することは、子どもたち１人ひとりの伸びが一律ではなく、個別で個性的であることにも気づかせてくれる。

考えることを教えるということに関して、「比べる」ということでいえば、小学校６年生の社会科で、縄文時代の建物と弥生時代の建物を比べて考えを作り、議論する授業を例にする。比べることためには、何に注目するのか、「共通点や相違点、類似点」を探すこと、「～が同じで…が異なる。つまり言えることは…」という、比較した結果をどのように表現するのかを教える時間となる。板書も図５のようになる。この時間は教師主導で一斉指導のようになる。

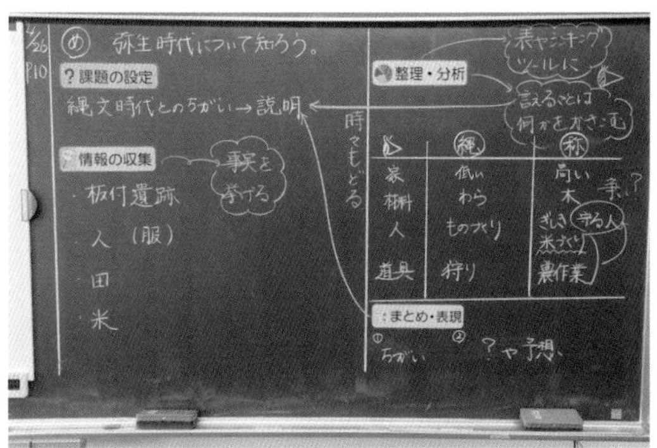

図5　「比べる」練習をする時間の板書

次の単元の社会科でも、建物に注目して比べられる子どもが増えるだろうし、建物以外の人の服装などに注目する子どもも増えるだろう。また、算数の時間でも、対称な図形を学ぶ際に、「点がぴったり重なること」に着目すること、5年生の合同な図形での学習と比べることを促すことができる。

全員ができなくても、一部の子であっても、なるべく毎日、似たことを繰り返していくことが重要になる。その中でそれぞれの「伸び」に注目していくことが学び方の習得を支えることにつながるだろう。

他者の活動を見られる環境

ここまで、学び方をどう教えるかについて述べてきた。しかし、教師がどう教えるかだけではなく、どう子ども同士で支え合えるかを考えることが重要になる。

クラウドがない頃は、ペアやグループでの話し合いを教師が指示して行わせていた。ある意味一斉での協働を教師が強制していたように思う。現在は、クラウドによって子ども同士が絶えずつながり続けながら学ぶことができる。子どもが必要に応じて他者の活動の様子を見て、参考にしたり、しなかったりすることを決定することができる。具体的には、Google Chat等で自分の考えや成果物を共有することが重要になる。簡単な例として、図6で示すように、本時で自分が頑張りたいこと（めあて）を

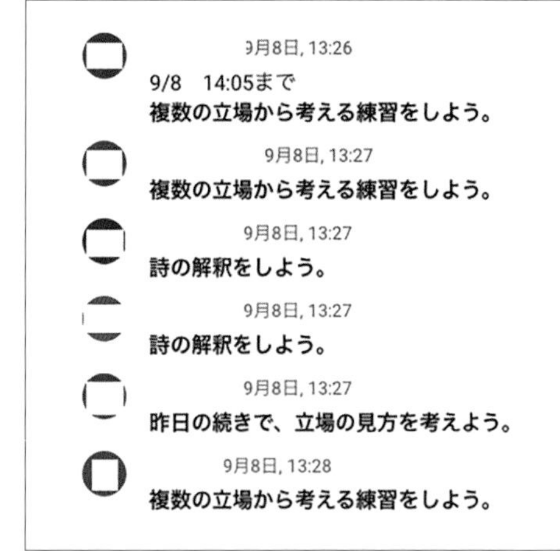

図6　めあてをGoogle Chatで共有する

Google Chatに宣言するという方法がある。早く入力して次の活動へ移ってもよいし、他者のものを真似してもよい、少しアレンジしてもよい。このような簡単な使い方から他者のものを見られるようにするとよいだろう。他者のものを真似ながら、自分なりにアレンジしながら、自分らしいものが徐々に見えてくるだろう。

まずは教師から

ここまで、どのようにその子らしい学びを支援するかということを述べてきた。学び方を教えること、「できる・できない」に関する考え方を変えてみること、他者のものを見られる環境を整えることが重要である。

他にもあるだろうが、それらを教室で実現するための第一歩としては、教師が校務や日常生活でそのような体験をすることである。指導案をGoogle Chat上に共有し、他の教員が指導案を作り上げていく様子を見られるようにすることや、実際に運動会の提案をするプロセスや方法を自覚してみる体験した上で、そのよさを教室へ持ち込んでみるという発想が重要となる。

教師の学習観

02 自分が何を為したいかを大切にして仕事を進める

教員の仕事の本丸は授業である。一方で、学校全体で児童生徒を育てていくことを考えれば、校務分掌等の仕事も大変重要である。授業、校務において、自分が気づいた課題を、解決する過程そのものが教師としての探究的な学びとなり素晴らし経験になるだろう。

小川 晋

クラウド環境を活用した教育実践

私が実践している中学校の社会科の授業の様子を紹介する。授業開始後に簡単に見通しを立てさせたのちに「学習を始めてください」とだけ述べる。すると生徒たちは、それぞれに情報を集め、整理・分析していく。考えがまとまった子から話し合いに入る。自分がつくった意見の検討の場面である。社会科の見方・考え方を働かせながら生徒は議論を進める。学ぶスピードは人それぞれなため、議論する生徒のとなりではもくもくと調べ物をしている生徒もいることになる。教師はクラウド上で1人ひとりの生徒の進み具合を確認しながら、助言をして回る。授業の終わりには1時間の授業の学び方をそれぞれの生徒が振り返っていく。

先日は1年生の社会科で平安時代の授業をした。図1はAさんが藤原道長を中心に平安時代をとらえたもの、図2はBさんが尾張国司藤原元命の事件を中心に平安時代をとらえたものである。同じ教科書を使って学習を進めているが、個の生徒の中に情報が蓄積されるうちに、生徒の追究したいことはそれぞれのこだわりによっ

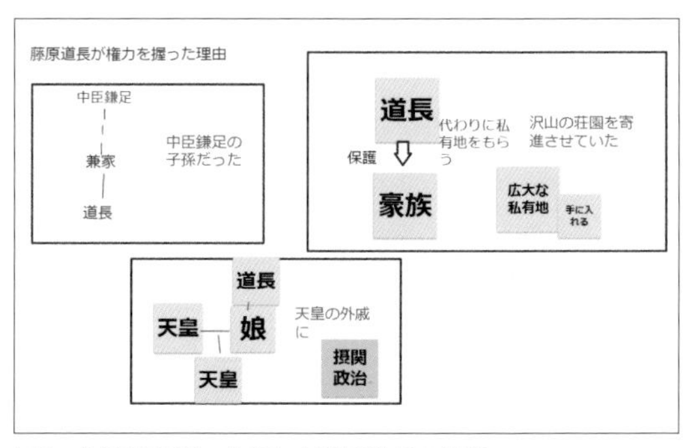

図1　生徒が整理・分析した藤原道長の情報

国司藤原元命

３１件とは？

国司藤原元命についての説明があった。

尾張国内の郡司や有力農民が国守藤原元命の在任中3年間の非法
失政を朝廷に直訴した31ヵ条の告訴状
31？！

上のように31ヶ条という言葉があった。　これは法律なのだろうか？
31条はどんなものかを調べた結果
法定手続きの保障について定められている憲法で、どのような人であろうと、法律による手続きではないもので命や自由を奪われることはないことが保障されています。

つまり、31件とは31条のことなのでは！？

苛斂誅求　酷く厳しく取り立てること。　狼藉　乱暴なふるまい

図2　生徒が整理した藤原元命の事件に関する情報

図3　議論し合う生徒の様子

て変わっていく。各々の自分の意見を持つため、議論も白熱していくことになる（図3）。

勤務校は研究開発学校である。「情報の時間」という教育課程を創設し、その運用にあたっている。その名の通り、学習の基盤となる資質・能力である情報活用能力を身に付ける時間であり、この時間に、生徒はパソコンの操作だけでなく、情報の集め方や整理・分析の仕方、まとめ方や伝え方についても学ぶ。そのため、生徒は情報の時間の学びをもとに文章を書いたり、プレゼンをつくったりして人に物事を伝えることに習熟していく（図4）。

そのおかげで、各教科で特に細かい指示や説明をしなくても、生徒が学習活動に取り組む時間を確保することができるようになった。どの教科でも教科書にあるようなことを知って終わるのではなく、そのことについて自分はどう考えるかということまで授業時間にできるようになっていくのである。

クラウド環境が、生徒の成長をさらに促進させる。生徒同士は、クラウド上で常に情報を共

図4「情報の時間」に小論文を書く生徒の様子

有しているため、いつでも他者参照が可能な環境だ。教師も学習に必要な情報は全て生徒に渡しているため、単元や、一時間ごとの授業の見通しも生徒にって立ちやすくなっている。効率よく学習が進められるだけでなく、生徒が学習に必要な技能を身に付け、発揮しやすい環境になっている。

困ったときは学ぶ時

私は初任の時に小学校４年生の担任をした。大学では、児童・生徒が自分で持った課題を解決していくような問題解決学習についてよく学んだ。大学の教官もその道のエキスパートだったのでいろいろと貴重なお話をうかがうことができた。卒業時に出した論文も、「児童が主体となってまちづくりについて考えるための教材開発」がテーマだった。大学の講義では、向山洋一先生や有田和正先生の実践もいくつか分析したりする機会もあり、児童・生徒の疑問を大事にした授業をしたいと思ってこの世界に飛び込んだ。

教壇に立ち、いろいろと挑戦してみた。社会科の愛知県の学習では、農業について考えるために教室に豊橋産のキャベツを持ち込んだり、児童に食べさせたりして児童に興味関心を持たせたり、疑問を引き出したりしながら学習を進めた。しかし、経験も、勉強も不足していた私がそのような授業に挑めばどのような結果が待っているかは火を見るよりも明らかだった。単元の終わりに、自作のテストをさせてみたが

まともに回答できる子はほとんどおらず、単元を通して子どもたちは何も学ぶことができていなかったと分かったときは愕然としたのを覚えている。

若いというだけでついてきてくれていた児童も、2学期にはだんだん離れていき、教師のコントロールがきかなくなっていった。3学期になるともうだめだった。保護者からも苦言を呈されることも多くなってきた。

同じころ、本屋で岩下修氏が書いた「Aさせたいなら B といえ」という本に出会うことができた。本を読んで学んだことを実践にかけてみるとうまくいくことがあった。これまで口では「うまくいかないのは教師である自分の責任」といいながら、心のどこかで児童や保護者のせいにしていたことに気がつくことができた出来事だった。

人に会って学ぶ

この経験を通して、真剣に学べば、児童が熱中したり、しっかり学んだりする授業ができるかもしれないと思うようになった。当時の本には著者の住所や電話番号が書かれていることがあった。岩下氏の著書にも住所が載っていたので思い切って学ばせてほしい旨を手紙を書いて送ってみた。するとうれしいことにお返事をいただけた。内容は勉強会の会場等の案内だった。月に1回、自分の実践をレポートにして持っていき、たくさんのアドバイスをいただくことができた。本を書いているような力のある先生方が集まっており、今思えば、大変貴重な体験ができたと思っている。発問の重要性や、ものごとの上達にはステップがあり、それは細分化されるべきであること等をそのときに肌で学ぶことができた。2年ほどして、中学校への異動のために学習会の参加はできなくなってしまったが、この間の学びは自分の人生の大きな財産となった。

また、初任の年には、野口芳宏先生が登壇する学習会にも参加する機会に恵まれた。紹介してくれたのは当時の指導教官の先生だった。今思えば、きっと自分の授業を見ていろいろ思っていたのだと思う。学習会では、教材研究の進め方や発問の仕方、意見の捌き方などを目の当たりにして驚いた。授業の奥深さや面白さについて考え始めるきっかけとなった。具体的な授業中の行為や技術については大学ではほとんど学ぶ機会はなかったため、この気づきがなければ今の私はなかっただろう。

3年目には、児童が自分の考えを持ち、活発に意見を交わし合うような授業が少しずつできるようになっていった。

初任の頃に抱いた希望と現実が少しだけ近づくのを感じ、私は、研究会や学習会に時間があれば場所は問わず参加するようになっていった。

アナログの限界

小学校で、児童同士の意見を交わし合う授業を創るために大事なツールが学級通信だった。今では、当たり前のようにできるクラウドを介した瞬時の情報共有は難しかったので、学級通信上で行った。力を入れた授業のときは、毎回児童のノートに書かれた考えを通信に掲載していくことで情報の共有をすることができた。

算数の授業では、全ての児童の理解度や習熟度をどこまで引き上げることができるかということを研究したこともあった。単元の間の全ての児童のノートを分析して授業を改善し、研究授業の指導案にまとめたりしたこともった。

今の私には通信の発行も、全員のノートの分析も難しい。そのようなことに割ける時間がないからだ。しかし、クラウド環境を活用することで情報の共有や参照可能になったことで、同様の成果は簡単に得られると考えている。

自分の成長を感じ始めたころに B 中学校に異動になった。学校では、生徒指導が課題であった。学校の生徒の中には警察のお世話になった子も何人もいた。中学校には10年勤務した、最後の4年間は生徒指導主事を担当した。教室に入れない生徒、非行に走る生徒などの対応に、日々追われた。授業の通信などを発行する暇もなく、毎日校内を走り回った。1000人規模の学校で、クラウド環境もあるにはあったのだが、職員間の理解が乏しいため大事な情報共有は、ペーパーで行っていた。集めた情報に漏れがあり、情報が職員にうまく伝わらないなどのもどかしさがあったのを今でも覚えている。

当然、授業にかける時間は削られたが、授業を大事に思う気持ちは変わらなかった。それどころか、その気持ちが強くなったのを覚えている。それは、非行に走る生徒や、教室に足が向かなく生徒の中には一定の割合で学習への困り感を抱えている生徒もいたからだ。

中学校でも、生徒1人ひとりに意見を持たせて議論し合うような授業に挑戦したこともある。大きな模造紙と付箋を用意して集めた情報を整理・分析し、情報をまとめる授業だ。議論した後は、レポートにまとめるという授業だが、今から10年以上前の実践である。生徒はよくがんばったし、私にとっても充実感はあったが、このような授業はできて年に1~2回だった。まず、当時の私は6学級担当していたため、その学級ごとに準備が必要だ。つまり毎回大量の付箋が必要になってくる。それに各学級でそれを保管するわけにはいかないため、模造紙を教材室にしまっていた。パソコンは情報提示のために使ってはいたが、各学級にプロジェクタはなかったため全て自分で必要な備品を担いで異動していた。このような実践が持続可能でないことは物理的に明白だった。

加えて生徒の学習ニーズは、「テストで点数を取りたい」「受験に役立つ知識を教えてほしい」というものが多く、分かりやすい説明や、効率よく知識を記憶する場面をつくると生徒にありがたがられた。アウトプットを中心とした授業は積み重ねが大事である。それは学習者を育てるという側面があるからだ。何かができるようになるには、繰り返すことが大事であることは理解していたが。そうした機会を生徒にセットすることの難しさがあった。

クラウド環境のよさを自覚する

授業においても、校務においても情報の共有が円滑にいかないことに対する困り感は、クラウド上での情報共有のいち早い理解と活用につながったかもしれない。

この文章を読んでいる方には、授業にしろ、校務にしろ、自分に与えられた役割の中で、学校の教育目標の実現に向けてどのように工夫をするか日々考えることをお勧めする。1つ課題を解決すると、次にちょっとハイレベルな課題が出てくる。解決を繰り返すうちに経験値が上がっていく。もちろんうまくいかずにストレスを感じることがあるかもしれないが、そのストレスは、本を読んだり、人から学んだりすることで次第にに解消されるものもあるし、情報共有の効率化のように10-20年かかってテクノロジーの進化と共に解消されるものもある。運のよいことに、人類史上最も速いペースでテクノロジーが進歩しているため、私のように長い時間をかけなくてもストレスは簡単に軽減されることも容易に予想できる。

ここまで示してきたように、私は教員になってから、1人ひとりの考えを大事にした授業や、1人ひとりの力を確実に伸ばしたりよさを引き出すことに憧れをもって仕事をしてきた。1人1台端末のあるクラウド環境の導入によってそうした憧れは具体的な目標に変わってきている。これからも、おそらくテクノロジーは進化して、教師の工夫1つひとつが1人ひとりの力を伸ばすことに大きく関係するようになっていく。できるできないは別にして「こんなことできたらいいな」という理想や仕事に対する理念を常に持っていること自体が今よりも、もっと大事になってくるかもしれない。

教師の学習観

03 学習観の更新につながる教師の学習経験

個別最適な学び・協働的な学びの実現に向けて、教師の「学習観」の更新が求められる。学習観の更新には、教師自身が個別最適で協働的な学びを経験することが鍵となる。そのための基盤づくりとして、教育委員会では、1）クラウドを前提とした研修、2）クラウド活用を支える環境整備、3）学校と教育委員会による願いの共有、を行っている。

稲木健太郎

G	H	I
「画像を選択」から色々入れてみる	「ドライブ」から色々入れてみる	「YouTube」から動画を埋め込む
OK	OK	後回し
OK	OK	OK
OK	OK	OK
大体OK	大体OK	大体OK
大体OK	後回し	後回し
OK	大体OK	大体OK
OK	OK	OK

個別最適・協働的な研修×クラウド

教室で、教師の次のような声は聞こえてくるだろうか。「今から○分間、自分で考えましょう」、「いったん手を止めます。これからグループになって話し合いましょう」。これらはいずれも、個人やグループで課題に取り組むタイミング、それぞれにかける時間を、教師が決めている様子である。しかし、教室には多様な子どもがいる。ある課題に取り組むのに10分かかる子もいれば、5分で終わる子もいる。まず自分で考えたい子もいれば、友だちと話し合う中で考えがつくられていく子もいる。だからこそ、個人で取り組むか、友だちと話し合うか、1人ひとりの子どもたちがそのタイミングやかける時間を決めていく。そのためには、授業において教師がこれまで決めてきたことの一部、例えば個人/ペア/グループで取り組むタイミングや時間を、徐々に子どもが決められるようにしていくことが必要だ。大切なのはその子なりの考えを深めることであり、それに至る方法は多様である。こうした「個別最適な学び」の考え方が、子どもたちに必要な資質・能力を育成する授業づくりの前提になっていることが重要になる。

一方、個別最適な学びを実現しようとしたときに、「子どもに任せるのは不安」「個別最適な学びと協働的な学びが『一体』となって起こる、というイメージが湧かない」「1人1台端末はどう関係するの？」という声も聞こえてくる。教師が分かりやすく教えることの価値は無くならないが、子どもが自分の学び方を決めていくためには、教師が「教える」ことと、子どもが「学び取る」こと、その両面から学習（授業）を考えていくことが求められる。つまり、教師の「学習観」の更新が必要となる。

学習観の更新には、教師自身が個別最適な学びと協働的な学びが一体となった学びを経験し、そのイメージと価値を感覚としてつかむことがポイントとなる。教師の学びを子どもの学びの形に近づけることで、目指す学びや授業のイメージをもつことにつながる。そのために、クラウドの活用を前提とした個別最適で協働的な研修を行うようにしている。

例えば、これまでの研修では、個人 / グループで取り組む時間、発表のタイミング等について、研修をする側（指導主事）が決めてきた。1つ1つの活動の時間を短く区切る、時間が足りず最後まで終わらない、結果として全体の研修時間が伸びてしまう、ということもあった。現在の町の研修では、活動を細かく区切るのではなく、大きな時間の枠を取った中で、参加者それぞれのタイミングにより、自分の考えをまとめたり、協働したり、他の人の考えを参照したりできるようにしている。

こうした個別最適・協働的な研修の基盤となっているのが、クラウドである。クラウドにより、即時共有・他者参照が可能となった。例えば、意見のまとめ・共有には Google Jamboard を活用している（図 1）。あくまで自分自身の考えを整理してまとめることが目的だが、その時に他者の意見を参照して考えを深めたり、自分と異なる意見に触れて自然と対話や議論が起きたりする。クラウド上の参照が協働的な学びにつながっている。

これまでの研修では、参加者はそれぞれがノートや紙の会議資料にメモしたり考えをまとめたりしてきた。その場合、お互いの考えやまとめ方は見えない。そのため、発表の時間を設け、代表者を何人か指名し、考えを共有する、ということもあった。しかし、全員の考えを聞くことは時間的に難しい上、どのようにその考えに至ったかというプロセスは見えなかった。それが、クラウドを活用することにより、考えと共に「まとめ方」も同時に共有されるようになり、考えに至るまでのプロセスからも学ぶことができるようになった。自分に合ったまとめ方を見つけることにもつながっている。

また、Google Chat もこうした研修の基盤となっている。意見が瞬時に共有できること、名前が表示されるため誰の意見かパッと見て分かること、参考になる資料が URL や画像で共有しやすいことが大きなメリットである（図 2）。本町の教職員も、はじめは、「研修で Chat を使うなんて」「授業で Chat なんて必要ない」というイメージも少なからずあったと思う。しかし、教師が研修で活用することで、何がどう便利かが感覚的に分かってくる。Google Chat のよう

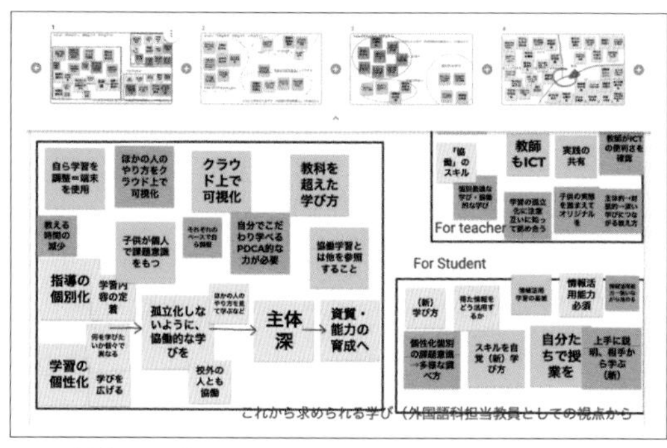

図1　他者参照が可能な研修環境

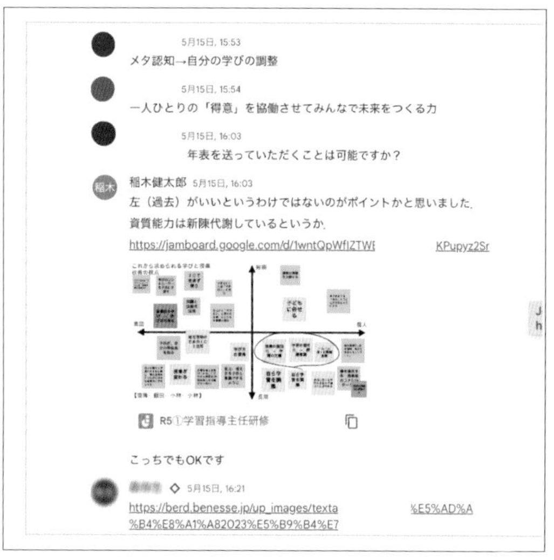

図2　Google Chatで瞬時に意見の可視化

に気軽に情報を共有できるツールが、個別最適な学びを支えること、協働を起こすきっかけになることを教師が体感している。

クラウドを活用した自由進度学習（研修）も行なっている。例えば、Google ドライブの活用方法を覚えるための研修において、達成目標を Google スプレッドシートで表にして示した（図 3）。

	F	G	H	I	J
名前	「URLを共有」する	権限を変更する（閲覧・コメント・編集）	URLを埋め込む	一覧の見え方を変える	「共有ドライブ」を作る
	OK	OK	OK	OK	誰かヘルプ！
	OK	誰かヘルプ！	OK	OK	OK
	OK	OK	大体OK		
	OK	OK	OK	OK	OK
	大体OK	大体OK	OK	大体OK	
	誰かヘルプ！	OK	OK	OK	OK
	大体OK	大体OK	大体OK	大体OK	OK

図3　学びの状況を可視化し把握する

この表では、参加者それぞれが目標の達成状況をプルダウンで選択できるようにした。達成状況が共有されているので、参加者同士で不安な部分を達成できている人に聞く、達成できている人が不安そうな人をフォローする、ということが自然に起こる。また、操作説明に係る内容は YouTube の動画の URL 等を Google Classroom にアップしておくことで、必要に応じて動画も参照しながら取り組むことができるようになるため、これまでのように研修の担当者が一斉に説明し、全員で 1 つずつ活動に取り組む。できた人は次の活動を待ち、時間がかかる人は終わって待っている人を横目に活動に取り組む、という状況を改善することができた。クラウドと 1 人 1 台の端末を活用することにより、参加者それぞれが自分のペースで学び進めることができるようになったのである。

このような学びを教師が経験すること、そしてその価値を自覚することが「学習観」の更新に向けた鍵となる。活動が細かく区切られ短い時間設定になっているより、大きな時間の枠の中で個人 / 協働のタイミングを自分で決められる学びやすさ、他者参照などによる考えの深まりなどを、教師自身が経験し、その価値を自覚することが、子どもたちの「学びやすさ」≒「個別最適な学び」に目を向けるきっかけとなる。

指導主事として、こうした学びの理念を伝えるだけでなく、教師が経験を通してその価値を自覚できる機会を作ること、そのために教師の学びを子どもの学びの形に近づけることを心がけている。

日常的な学びの共有

クラウドの活用により、研修と日常の実践をつなぐ学びの共有ができるようになった。

これまで、出張先の研修で学んだことを各校で実践する時には、研修の主催側も、参加者同士も、お互いの取り組みを見ることはできなかった。そのため、研修は研修で完結してしまい、「研修が生きないのでは」「担当者が学んだことが広がらないのでは」といった心配もあった。

そこで、研修の際に活用した Google Chat のスペースで日常の取り組みを共有することにした（図 4）。このスペースでは、研修で学んだことの振り返りや、実際の授業で取り組んだことなどを写真 1 枚から、気軽に共有できるようにしている。共有された実践にコメントやスタンプがついたり、質問が投稿されたりしている。

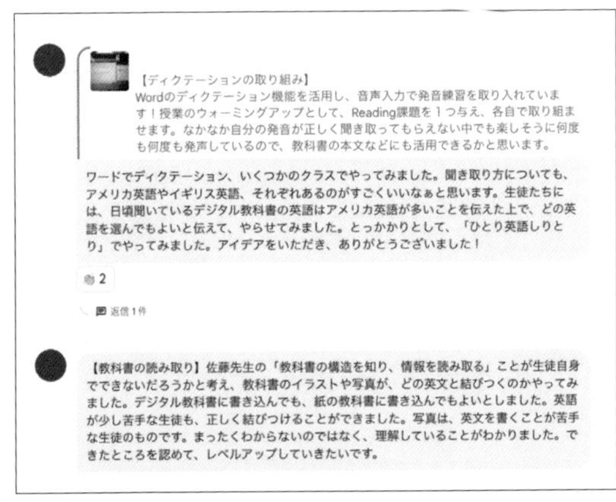

図4　研修と実践をつなぐ情報共有

また、実践に加えて参考になる教育ニュースやコンテンツなども共有されている。これも、個別最適な学びである。子どもの学びのペースと同様、教師の学びのペース、そして働き方や生活リズムは多様である。そんな中、それぞれのペースで投稿や閲覧ができるというのは、まさに個別最適な学びである。

クラウド活用の基盤となる環境整備

このようなクラウドを活用した学びの基盤となる環境整備も教育委員会の役割である。本町では 10 Gbps のインターネット光回線を各校に整備している。さまざまなクラウドのツールを子どもたちと教師がストレスなく使えるように、必要なネットワークの環境を整えようという考え方だ。

一方、ネットワーク回線の速度が遅い、各校が参加する研修で Wi-Fi が使えずクラウドにアクセスできない、チャット機能など使用できるツールへの制限が厳しい、という環境だと、クラウドが学びの基盤にはなりづらい。日常的に、子どもも教師もストレスなく活用できる環境が、教師や子どものクラウドを前提とした学びの「感覚」の醸成につながる。また、日常的に使うことによって、学習の基盤としての情報活用能力が育成されていく。すると、情報活用能力が個別最適な学びや協働的な学びを支える基盤として必須であることを実感するようになる。

そのための学習基盤を整備することは、教育委員会にしかできない役割の１つである。

学校と教委による「願い」の共有

学校や教育委員会の担当者が、こうした学習観の更新や教師の学びやすさ、働きやすさに向けた環境づくりに取り組む際に重要になるのが、周囲の理解である。目指す教育のビジョンや目標について、各校の校長先生、教頭先生、教務主任、研究主任や情報主任たち、また教育委員会内や首長部局の人たちとも共有することを大切にしている。

図5　校長先生たちと願いの共有

特にビジョンや目標については、今の時代を生きる子どもたちにどのような人に育ってほしいか、そのための教育や教師の学びはどのようにあるべきかという「願い」が重要である。そうした願いを共有するために、例えば、願いの前提となる令和の日本型学校教育について解説されている動画を視聴したり、視聴したことをもとに自治体や各校で目指す姿についてディスカッションしたりして、願う子どもの姿や教育のビジョンについて、同じ言葉で同じイメージをもつための機会を設けている。立ち話や些細な会話の中でも、こうした対話を繰り返していく。その中で、徐々に願いが共有されていくと考えている。

また、学校に訪問等で直接関わる場合も、伴走的な支援を大切にしている。年に数回、要請があったときに訪問して指導助言をするという関わり方もある。しかし、個別最適な学びには「こうすればうまくいく」というメソッドのようなものはない。学校の風土や状況、先生や子どもは多様であるという前提に立ち、学校は今どのような状況で、次にどこに向かいたいのか、そういう願いを共有しながら、その学校、その時の状況、なにより「目の前のその人」のための支援を考えていく。その関わりこそが、個別最適な学びを支える協働的な学びであり、令和の時代の教育委員会の役割になるのだと思う。

当たり前を見直すことから始まる教師の学習観の更新

八木澤史子◎千葉大学 教育学部・助教

個別最適な学びと協働的な学びを一体的に充実させていくことはそう簡単ではありません。過去の経験だけでなく、新たな実践から学ぶ機会を積極的に作り、時代のニーズにあった授業を実現することが必要です。クラウド環境が学習観の転換を促進するはずです。

これまでの教室の子どもたちの姿

次のような教室での子どもたちの姿を思い浮かべてみてください。子どもたちが手を挙げて発表している、先生が黒板に書いた内容を子どもたちがノートに書き写している、そして、先生の指示で情報端末を出している。いずれの場面も教室でよく見かける姿かと思います。

しかし、次のような子はいないでしょうか。自分の意見を伝えたくても先生に指名されなかった子。黒板に書かれている記述とは違う考えを持っている子。自分で調べたいことがあっても先生の指示があるまで情報端末を開くのを待っている子。先程挙げた場面は、いずれも、発表する子は教師の指名、ノートの記述は教師によるまとめ、情報端末を使うタイミングは教師が決めるなど、教師が子どもたちの活動をコントロールしています。これまで当たり前とされてきた教室の場面を、子どもたち１人ひとりに注目すると、中には、自分のやりたいこととは違う学びの時間を過ごしていた子もいるかもしれません。

当たり前を見直す

GIGA スクール環境下における個別最適な学び、協働的な学びが目指すところは、子どもたちの主体的・対話的で深い学びを実現することであり、そのためには授業改善が必要だといわれています。つまり、子ども１人ひとりの特性や学習進度、興味関心に応じた学び、多様な他者と協働しながらよりよい考えを生み出す学びに取り組むためには、これまでの授業のやり方を、つまり当たり前と思っていることを今一度見直す必要があるということです。発表したい子が自分の意見をいつでも言えるようにするためには？　授業のめあてを各自が決め、それに沿って自分のまとめを書くためには？　情報端末を自分のタイミングで子どもが使えるようにするためには？　このように普段行っている授業を見直す際、みなさんはどうされていますか。例えば身近でそういうことに取り組んでいる人の授業を見てみる。子どもたちの姿や教師の行動を自分の授業と比べてみることで、自分の授業と違う部分に気づくことがあると思います。他にも、本書のような実践集を手に取り、まずはイメージを掴んでみる。本書に書かれていることの中には、「そうそう、自分もそう思った」「なるほど、こういう時にはこういった方法もあるのか」といった具体的、もしくは概念的なことに対する共感や気づきがたくさんあると思います。

経験をもとにした教師の学び

当たり前を見直すことの必要性にはもう１つ理由があります。それは、教師は経験から学ぶ職業だからです。教師は様々な経験から意識的、無意識的に学んだことを自身の専門性として蓄えます。自身が学習者として学んできた学校での経験、教師として働き始めた職場で教えてきた経験など、経験したことから学ぶのですが、ここがポイントです。変化の緩やかな社会であれば過去の経験から学んだことが現在の仕事にも生かされるのですが、これからの時代は「VUCA」と呼ばれるこれまでと同じことの繰り返しでは乗り越えられない課題に取り組まなければいけない時代です。そういった中で、自身のこれまでの経験だけから学び、それをもとに子どもたちに教えるということは、自分が 10 年前に経験したことを 10 年後に社会に出る子どもたちに伝えることと同じであり、そこには 20 年のギャップがあるのです。だから、教師自身が積極的に新たな経験、つまり自分とは違う実践に取り組んでいる人から学んだり、書籍を読んで実践をイメージしたりすることを通して自分の授業づくりを振り返るといった過去の経験を見直す過程が、当たり前を見直すきっかけとしてとても大切なのです。

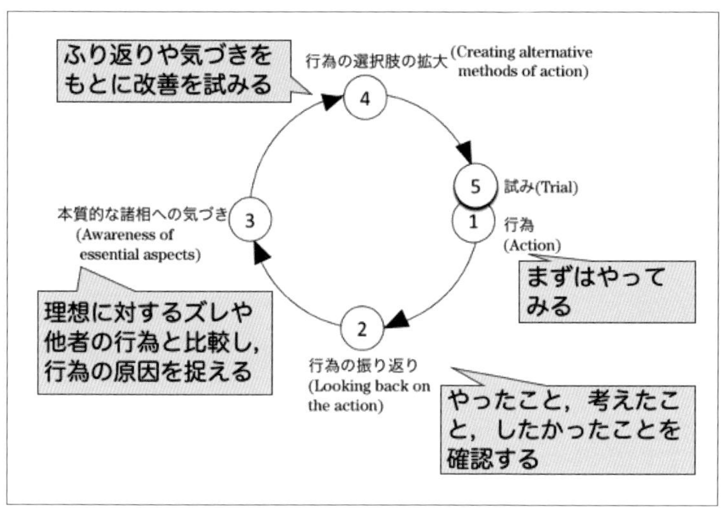

図1　教師の学びのモデル「ALACTモデル」（コルトハーヘン2010）に一部加筆

教師自身がクラウド環境を体験する

新たに見聞きしたことと自分の経験を比較しながら当たり前を見直す。そういった教師の学びを後押しするのがクラウド環境です。同じ時間に同じ場所で集まって対面で学習指導案を検討するのが当たり前だったけれど、共同編集機能を使ってそれぞれのタイミングで検討してみると効率よく確実に修正作業が進んだ、学年以外の先生となかなか実践を交流する機会がなかったけれど、チャット上で各自の実践を共有することで様々な立場の人や多様な実践から学ぶ事ができた。前者はクラウドを活用した非同期分散型の協働的な学びといえますし、後者は個別最適な学びにおける情報収集といえます。令和の日本型学校教育が求めている学びの姿は、子どもたちだけでなく教師にも当てはまる姿なのです。

不連続な学習基盤の変化を活かすために

GIGA スクール構想による環境はこれまでとは大きく異なります。これまでは、子どもの手元にあるのは教科書とノートのみで、子どもがさらに深く学習に取り組むためには、教師が資料を準備する必要がありました。問いや課題に対する考えが思い浮かばない時も、質問できるのは先生だけ、友だちに聞くといってもせいぜ

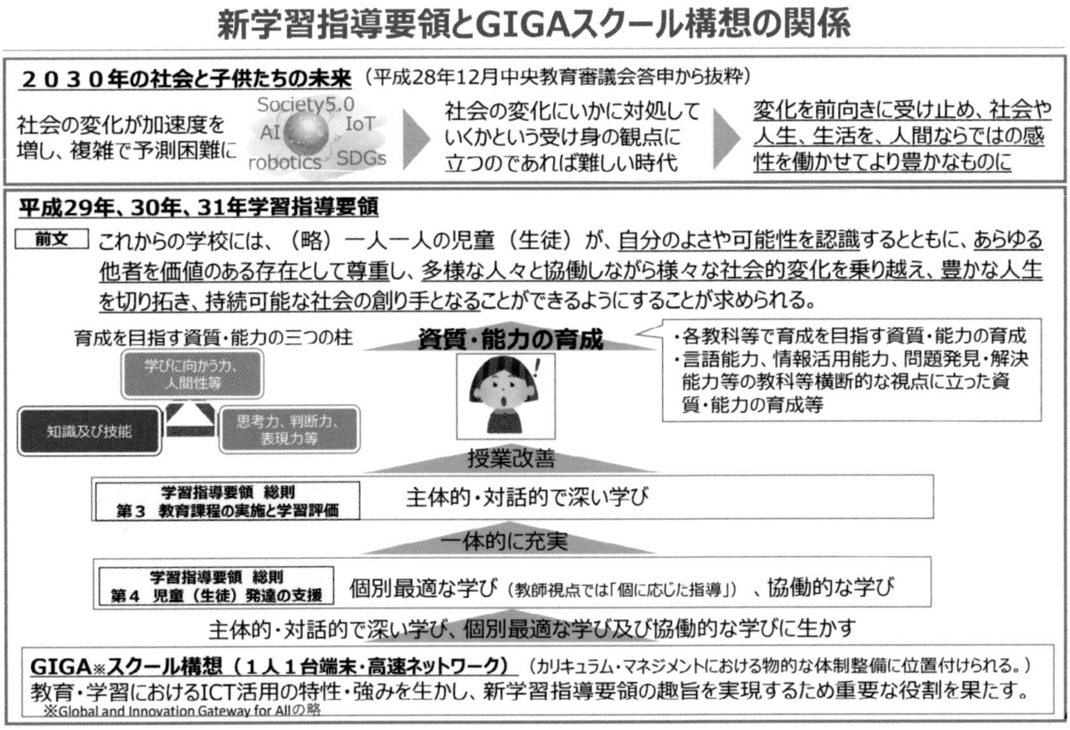

新学習指導要領とGIGAスクール構想の関係

２０３０年の社会と子供たちの未来（平成28年12月中央教育審議会答申から抜粋）

社会の変化が加速度を増し、複雑で予測困難に

社会の変化にいかに対処していくかという受け身の観点に立つのであれば難しい時代

変化を前向きに受け止め、社会や人生、生活を、人間ならではの感性を働かせてより豊かなものに

平成29年、30年、31年学習指導要領

前文　これからの学校には、（略）一人一人の児童（生徒）が、自分のよさや可能性を認識するとともに、あらゆる他者を価値のある存在として尊重し、多様な人々と協働しながら様々な社会的変化を乗り越え、豊かな人生を切り拓き、持続可能な社会の創り手となることができるようにすることが求められる。

育成を目指す資質・能力の三つの柱

学びに向かう力、人間性等

知識及び技能

思考力、判断力、表現力等

資質・能力の育成

・各教科等で育成を目指す資質・能力の育成
・言語能力、情報活用能力、問題発見・解決能力等の教科等横断的な視点に立った資質・能力の育成等

授業改善

学習指導要領　総則
第３　教育課程の実施と学習評価　　主体的・対話的で深い学び

一体的に充実

学習指導要領　総則
第４　児童（生徒）発達の支援　　個別最適な学び（教師視点では「個に応じた指導」）、協働的な学び

主体的・対話的で深い学び、個別最適な学び及び協働的な学びに生かす

GIGA※スクール構想（１人１台端末・高速ネットワーク）（カリキュラム・マネジメントにおける物的な体制整備に位置付けられる。）

教育・学習におけるICT活用の特性・強みを生かし、新学習指導要領の趣旨を実現するため重要な役割を果たす。

※Global and Innovation Gateway for Allの略

図2　新学習指導要領とGIGAスクール構想の関係（文部科学省 2021）

い自分の周りにいる相手に限られていました。こういった学習環境では、教師が学級全ての子どもたちのために資料を準備したり質問に答えたりすることは難しく、必然的に教師主導の一斉型で授業が進んでいました。

それが子どもたちに情報端末がわたり、クラウド環境が整ったことで、全てを教師が準備しなくても、全てを教師が教えなくても、子どもたち自身で学びを進める環境が整ったのです。

GIGA スクール構想による学びの前提となる環境、学習基盤は、これまでの学び、つまり一斉型の授業を効率よくするためのものではなく、これまで難しかった、あるいはできなかった学びを実現するために用意された学習基盤なのです。その環境を活かすためには、教師はこれまでの学習観に囚われることなく、新たな学習観で授業を考えていくことが必要です。

「子どもの学びと教師の学びは相似系」です。GIGA スクール環境下における個別最適な学び、協働的な学びの取組みは、単に、情報端末やクラウドといったこれまでの学校現場にはなかった新しい ICT を授業にどう活かすかといった話ではなく、それらを使って子どもたちの学びをどう変えていくか、そして教師自身もどう学んでいくか、という新たな学習基盤における教師の学習観の更新に向けた取組みなのです。学習観という長年の経験や知識から積み上げられてきた考え方はそう簡単には変わりません。だからこそ、クラウドを活用しながらできることから少しずつ取り組み、自身の実践を常に振り返りながら、当たり前を見直す経験を積み重ねてほしいと思います。

〈図１出典〉

・F・コルトハーヘン［編著］武田信子［監訳］（2010）教師教育学 理論と実践をつなぐリアリスティック・アプローチ，p54，学文社

個別最適な学びと
協働的な学びを進めるための

［支援や環境］

◎学習の手引き…………小学校４事例／中学校１事例
◎学習の計画………………小学校１事例
◎学びの参照と共有…小学校２事例
◎モニタリング…………（学習進度）小学校２事例／
（多様な学び）小学校２事例
◎自発的な協働…………小学校２事例
◎流れをつくる…………中学校１事例
◎任せる前に鍛える…小学校２事例
◎学習シート………………小学校３事例

支援・環境

01

支援の種類

学習の手引き

小学校低学年

使用ツール

福井美有

学習の手引きを示して、自分のペースで学んでいく

子どもたちが学習の見通しをもつことできるように Google Classroom に学習の手引きを示した。そこでは、探究的な学習の過程を意識して作成した。さらに、自分で学んでいけるように、学習を深めるための視点やゴールを手引きの中で示すなどの支援をした。

１０月１７日（火）ぶどう農家を調べる（④/４）

福井美有・10月17日

10月17日（火）
わたかすP.14～19

めあて　自分できめためあて

ゴール
B：資料から事実を書き出すことができる。
A：資料から事実を書き出し、ぎ問をもとにさらに調べることができる。
S：A＋自分の考え（よそうもふくむ）をもつことができる。

流れ
①【課題の設定】めあてのかくにん
②【情報の収集】ノートにメモ、教科書などに線→ジャムボードにふせんで書き出し
文と資料をむすびつける
③【整理・分析】ぎ問に思ったこと・わかったことをジャムボードに整理する。
視点：しくみ、工夫・努力、人とのかかわり
④【まとめ・表現】事実から自分が考えたことをまとめる。
⑤ふりかえり

じゅんびするもの
・社会科のチャットをひらいておく
・ジャムボード
・学びの記ろく

低学年の特性から

低学年では、一度で教師の指示を聞き取り、行動することが大変難しい。そのため、今までは、指示を短くし、一斉で授業を進めてきた。しかし、学習の手引きを Google Classroom に示すことで、子どもたちは、何度も自分のタイミングで学習の手引きを確認することができる（図 1）。学習の手引きが、子どもたちにとって学びの地図になり、安心して学びに向かうことができる。こういった点においても、学習の手引きを示すことは、低学年において、有効である。

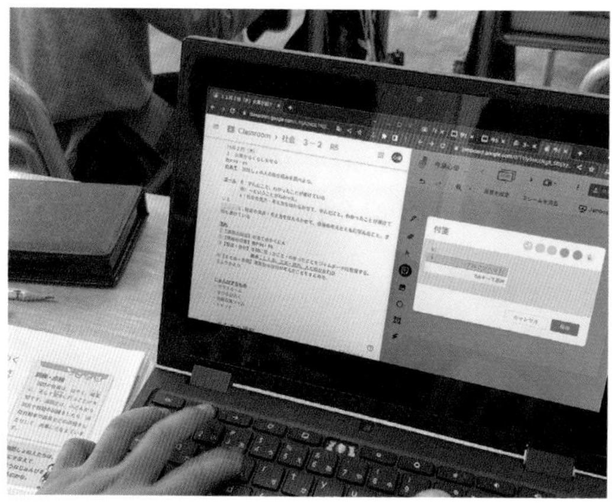

図1

見通しをもつことで自分の学びを考える

Google Classroom には、学習の手引きとして探究的な学習の過程を示している。これを予め、子どもたちに示すよさは 2 つある。

1 つ目は、課題解決に向けて見通しをもつことができることである。子どもたちは、課題の解決に向けて、どのように進めたらよいか、という、ゴールまでの道筋を意識して学びを進めていくことができるようになる。このように見通しをもつことで、自分で学びを進めていこうという意識に変わっていき、徐々に教師の手から離れていくようになる。もちろん、教師は必要なタイミングで支援をしていくが、子どもたちの自分で学んでいこうとする気持ちを育てることにつながる。

2 つ目は、自分のペースで学びを進めていくことができることである。今までであれば、一斉授業であったため、子どもたちは教師の指示を待たなければならなかった。しかし、学習の手引きを予め示すことで、子どもたちは、学習の手引きを確認しながら、自分のペースで学びを進めていくことができるようになる。どこに自分は時間をかけたいのか、逆にどこの部分はペースをあげることができるのか、ということも自分で選択し、調整することができるようになる。こうすることで、その子らしい学びにつながっていく。

学習過程を通じて学び方を振り返る

学習の手引きは、探究的な学習の過程を意識して作成している。これは、課題解決に向けての 1 つの道筋である。

子どもたちは、その時間の学習のめあてを知り、自分でどこまで頑張るか、学習の目標を設定する。これが課題の設定。そして、情報の収集では、どの情報を取り出し、その情報をどう整理して、何が分かったのか、最後にまとめ・表現で導き出される自分の考えは何かを考えていく。探究的な学習の過程という道筋は設けられているが、その中で自己選択し、自己決定する場は数多く存在する。これを繰り返していくことで、徐々に自分で学べる子に育っていく。

また、探究的な学習の過程を通して意識的に課題解決を行うことで、自分の学び方も振り返ることができるようになる。これを繰り返していくと、次は何を意識したらよいのか、ということを考えるようになる。自分の学び方をよりよいものにしていこうとする意識にもつながっていく。

支援・環境
02

支援の種類
学習の手引き

小学校６年生

使用ツール

礒川祐地

児童自ら学習を進めていくための環境づくり

子どもたちが、いつでも見通しをもって学習を進められるように、授業の流れや評価をGoogle Classroom に提示した。また、練習問題に取り組む際には、児童が自分に必要な問題を判断・選択できるように、あらかじめ問題の種類を一覧にした。

7/10 分数のわり算

礒川祐地・7月10日 （最終編集: 7月10日）

100 点

○めあて
整数や小数がふくまれた分数のわり算はどのように考えたらいいかな？

○評価
B：１つの考え方で問題を解くことができる
A：B＋2つ以上の考え方で問題を解き、説明することができる
S：A＋それぞれに共通する大切な考え方を見つけることができる

○手順
①めあて，評価の確認
②これまでの問題と違う部分に**赤線を引く**
③自分の目指すめあてを決め，コメントにうつ（B~S）
④（1）の立式まで一緒に行う
⑤問題を解く（**大切な考え方や問題を解くポイントはクラスルームのコメントでみんなに共有**）
⑥練習問題
⑦振り返り

○練習問題について
自分で選んで練習問題に取り組みましょう！
【教科書p72～73】

①約分の入ったわり算：たしかめ［5］

児童が見通しをもって学習を進める

第6学年算数「分数のわり算」を例に挙げて説明する。この授業では、Google Classroomを用いて「①1時間の流れの確認、②前回の問題との違いの確認、③自分の目標を決め宣言、④問題解決、⑤全体共有、⑥練習問題」という授業の流れをあらかじめ提示した上で授業を進めた。これまでは、教師が主導し、全員が同じスピードで授業を進めていたが、児童自身でGoogle Classroomを確認することで、常に見通しをもって学習を進めることが可能となる。また、B・A・Sと目指してほしいゴールを明確

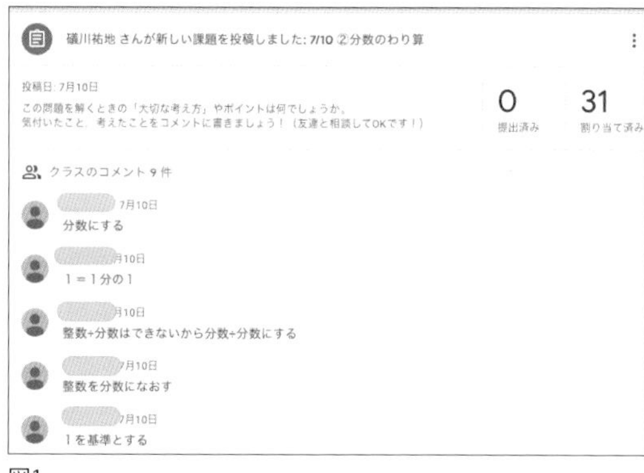

図1

に示し、児童に選択させることで、自分に合った目標をもって学習を進められる。

各自のペースで学習を進める時間は、1人ひとりが学習しやすい環境を整えることを意識している。1人で考えたい子、（自分1人では自信がなく）友だちと話し合いながら進めたい子、つまずいた所を先生に聞きたい子など、多様な児童がいる。そこで、Google Classroomの投稿を頼りにしながら、多様な学習形態で学習を進められるような環境をつくっている。

進捗状況や大切な考え方（既習事項と繋げたり、発展させたりして考えたこと）をクラスで共有する

児童が各自のペースで学んだり、学習形態が多様化したりすると、児童の学習状況の把握が困難になる。そこで、児童の学習状況をGoogle スプレッドシートに入力させ、一覧で把握できるようにした。

また、1時間の授業の中で、抑えたい数学的な見方・考え方もある。問題を解く中できづいた「大切な考え方（既習事項とつなげたり、発展させたりして考えたこと）」をGoogle Classroomのコメント欄を活用して、クラス全体で共有した。友だちの投稿を見ることで、新たな視点を獲得したり、問題を解くためのヒントになったりすると考える。

自分に必要な練習問題を選択する

これまでは、全員が同じ練習問題を解いていることも多かった。しかし、児童1人ひとりを主語として考えると、自分に必要な問題を選択できる環境をつくることは、大きな意味があると考える。そこで、Google Classroomに練習問題の種類を予め提示し、児童が選択して取り組めるようにした。その際、友だちに考え方を説明できるかどうかを問題を選ぶ基準として伝えた。この過程の中で、児童が自分が苦手な問題は何か、理解が不十分な問題は何かを考えることも、確かな学びにつなげる上で大きな価値があると考える。なお、児童に任せながらも、問題選択について教師からも助言や修正の声掛けを行った。

練習問題を解く際も、進捗状況を、Google スプレッドシートに共有し、誰がどの問題に挑戦しているのか、理解できたのか、苦戦しているのかを見える化させることで、児童の見取りを効率化し、机間指導へとつなげることができた。

算数記述シート

	練習問題進み具合	5約分	6整数	7整数	10小数	11小数	8文章題	9帯分数	12 3つの計算	13 3つの計算
1		OK！	OK！	OK！	OK！	OK！	OK！	OK！	OK！	OK！
2		OK！	OK！	OK！	OK！	OK！	OK！	OK！	OK！	OK！
3		OK！	OK！	OK！	OK！	OK！	苦戦！			
4		OK！	OK！				今！		OK！	OK！
5										
6		OK！		OK！	OK！		OK！	OK！	苦戦！	OK！
7		OK！	OK！	OK！	OK！	OK！	OK！	OK！	今！	
8		OK！	OK！	OK！	OK！	OK！	OK！	OK！	OK！	OK！

図2

支援・環境

03

支援の種類

学習の手引き

中学校２年生

使用ツール

本田智弘

生徒が自ら学びを進められる環境をつくる

生徒が自ら学びを進めるためには、生徒が授業の見通しをもった上で、自己決定できる場面をつくることが大切である。単元の課題の解決に向けて、生徒が「本時の課題」、「学び方（情報収集、整理・分析の仕方）」を自己決定できる環境をつくることが大切である。

20(5－4)　活用される交通・通信網

本田智弘・10月2日（最終編集: 10月2日）

<学習内容>
活用される交通・通信網

<学習の流れ>
課題の設定...自分で課題を決めて、スプレッドシートに発信しよう。
情報の収集...教科書、資料集、先生からの資料、インターネットなど
整理・分析...ジャムボードに整理・分析
＋「よさ」に着目した話し合い
まとめ・表現...課題に対しての結論を書きましょう。

<本時の評価基準>
A...Bを満たし、ジャムボードにまとめに関係する資料を貼り、「例えば」という言葉を使ってまとめを書いている。
※「例えば」には、黄色のマーカーを引く。
B...ジャムボードを貼り、課題についてのまとめを簡潔に書いている。
C...それ以外

<今日の問題練習>
学習整理「地理２」　P.34～P.35

4　活用される交通・通信網...
PDF

P204～P205　活用される交...
Google スライド

1組　1～20　活用される交通...
Google Jamboard

1組　21～40　活用される交...
Google Jamboard

生徒が自ら学びを進める環境とは?

単元の課題と学習内容を生徒と共有することが大切である。そのために単元の始めに以下の5つを確認する。

1　単元の課題（共通）
2　1の評価基準
3　単元の学習内容（図1）
4　本時課題（本時シート：図2）
5　単元課題（単元シート：図3）

1~5までを1つのGoogleスライドにまとめ、単元ごとに配付する。このスライドは、生徒の学びの道しるべとなり、さらにスライドを単元末に提出させることで生徒が何を学んだのかを把握し、評価することができる。

地理の中国・四国地方の学習を例にする。

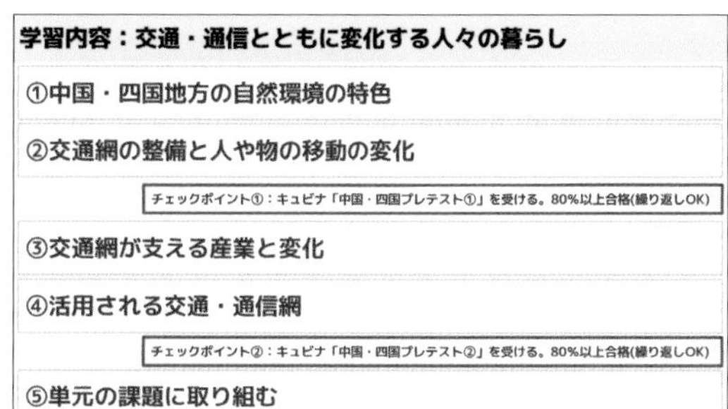

学習内容：交通・通信とともに変化する人々の暮らし

①中国・四国地方の自然環境の特色

②交通網の整備と人や物の移動の変化

チェックポイント①：キュビナ「中国・四国プレテスト①」を受ける。80%以上合格(繰り返しOK)

③交通網が支える産業と変化

④活用される交通・通信網

チェックポイント②：キュビナ「中国・四国プレテスト②」を受ける。80%以上合格(繰り返しOK)

⑤単元の課題に取り組む

図1　単元の学習内容

図1のように大まかな学習内容①～⑤を示す。図2には、各学習内容に対してのGoogle Jamboardと課題の結論としてまとめを書く。この単元は、学習内容①～④までの4枚の本時シートに取り組ませている。単元末には、図3に取り組ませ、評価基準に基づいて評価をした。はじめは、みんな同じペースだったが、しばらくすると自分のペースでそれぞれが取り組むようになった。

ここにjamboardの
スクリーンショットを貼り付ける

図2　本時シート

【サミットでのスピーチ原稿】①
テーマ
「交通・通信網の整備で、中国・四国地方は持続可能でより良い地域になったか。」
説明内容
<結論>交通網・通信網の整備で、中国・四国地方は…
【より良い地域になった／より良い地域になったとはいえない】
写真
なぜなら…

図3　単元シート

本時の課題を自己決定させるには?

本時の課題とは、本時のうちに解決すべき課題と生徒に伝えている。そのため、毎時間の主な学習の流れは、Google Classroomを用いて生徒に共有し、本時のまとめとして図2のまとめの欄に結論を書かせている。

課題を自己決定する環境づくりとして、Googleスプレッドシートによる情報共有(図4)を行っている。授業の始め、教科のねらいを意識させるため、教師が資料を提示し、生徒たちとやり取りをする。そのやり取りの中で、課題が決まった生徒から入力し、調べが開始される。課題をつくることが難しい生徒は、他の人の課題を参考にして設定することも認めている。図4のように繰り返していると、自分なりの課題を設定できるようになってくる。

A	B	C
	名前	本時の課題
1		交通・交通網で過疎化をどうやって防いでいるのか？
2		中国・四国地方の交通・通信網をどう利用して過疎化を防いでいるのか
3		中国・四国地方の過疎化に対して、交通・通信網をどのように活用しているのか？
4		過疎化を防ぐために何を活用しているのか？
5		交通網、通信網をどうやって活用してるか？

図4　課題の情報共有シート

学び方を自己決定できる環境とは?

前ページ画像のように本時で教師が使う資料や生徒たちのGoogle Jamboard（図5）は、すべて生徒に共有している。そのため、似た課題の人のGoogle Jamboardを参考にすることができる。また、席を移動して誰かと活動することも認めている。このように「情報収集」と「整理・分析」で何をするかを自己決定できるようにしている。繰り返すうちに、自分なりの学習方法ができてきた生徒が増えていった。

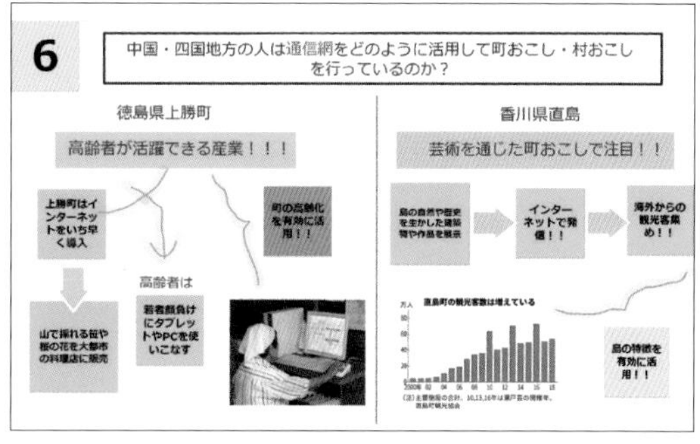

図5　生徒のGoogle Jamboard

支援・環境
04

支援の種類
学習の手引き

特別支援教育（小学校低学年以上）

使用ツール

西本 壇

学習の見通しをもたせ、子どもの主体性を引き出す

子どもが見通しをもって学習を進めていくことができるように、Google Classroom を活用して学習の流れを示した。さらに、子ども１人ひとりの特性に応じた学習になるように、子どもが自分に合った学習方法を選択できるような場面を設け、Google Classroom に示した。

都道府県クイズを作ろう

知多中7tk01・6月5日（最終編集: 12:19）

【目標】
都道府県の特徴をまとめよう

【課題】
３つのヒントを使った都道府県のクイズを作ろう！

【流れ】
（1）都道府県を調べる。
①クイズの答えとなる都道府県を決める。
②都道府県の【形】、【地方】、【自然】、【有名なもの】を調べる。
→ プリントにまとめる。

（2）クイズを作る。
①ヒントを３つ決める。
【形】、【地方】、【自然】、【有名なもの】から３つ選ぶ。
②ヒントの順番を決める。
難しい（答えが分かりにくい）→簡単（答えが分かりやすい）の順番にしよう。
③クイズを作る。
【スライド】、【画用紙】、【紙】から選んで、クイズを作ろう。
☆★見やすくなるコツ★☆
・１枚のスライド、画用紙、紙にのせるヒントは１つ。
・文字は大きく。
・イラストや写真をのせると◎。

（3）クイズ大会をする。
作ったクイズをみんなで発表しあい、クイズ大会をする。

特別支援教育で大切なこと

特別支援教育では、子どもたち１人ひとりの特性に応じた支援が特に大切にされている。「話を聞くのが苦手」「計算問題が苦手」「漢字や文章を読むことが苦手」など、教室の中では子どもたちの多様なつまずきが見られる。そのつまずきがどこからきているのか、子どもたちの学びにくさをアセスメントし、１人ひとりに応じた指導・支援を行っていくことが大切である。

個に応じた指導・支援

そのため、個別の指導計画をもとに各教科等における指導・支援の計画をしていく必要がある。１人ひとりの特性や学びにくさに対応した適切な指導・支援を行うことで、特別支援教育の視点に立った「個別最適な学び」の実現を目指すことができる。

子どもの主体性を引き出す教師の支援

このように計画された授業において、子どもの主体性を引き出すために次の２点を意識したい。

１つ目は「学習の見通しをもたせる」ことである。どのような課題を、どのように解決していけば良いのか、その道筋を子どもが自覚できるようにする。そこで、Google Classroom を活用する。Google Classroom に学習の流れを示すことで、単元全体やその時間の学習について、見通しをもたせることができる。子どもは、手元の端末で学習の流れをいつでも何度でも確認することができるため、自分がどのように学習を進めていけばよいのかイメージがしやすくなる。

端末の操作に不安があるはじめのうちは、教師が一緒に学習の流れを確認しながら進めていくとよい（図１）。授業の冒頭に子どもが単元全体やその時間の学習の流れをイメージできるように、Google Classroom を拡大して提示するなどして、子どもと一緒に確認する。文字の読み取りが苦手であったり、先を見通すことが苦手であったりする子どもがいる場合は、図やイラストも使って伝えるとよいだろう。

図1　Google Classroom で流れを確認する様子

２つ目は、「自己選択・自己決定の場を設定する」ことである。自分に合った学習方法を子ども自身に選択・決定をさせ、「できた」という成功体験を積み重ねさせたい。自己選択・自己決定させる場面については、子どもの特性に応じて１人ひとり異なるが、例えば、算数（数学）の計算問題や国語の漢字練習で自分に合った問題を選択させたり、社会や理科の調べ学習でまとめるもの（Google スライドにまとめたり、手書きで画用紙にまとめたりするなど）を選択させたりする場面などが、設定しやすいだろう。

ただし、学習面で個別の支援が必要な子どもにとって、いきなり自己選択・自己決定することは容易ではない。そのため、まずは、さまざまな学習を経験させながら小さな自己選択・自己決定を積み重ねさせていくことが大切である。

支援・環境

05

支援の種類

学習の手引き

小学校４年生

使用ツール

大石美里

ゴールと学習過程の提示で主体的な学習者へ

子ども１人ひとりが自分で学んでいけるようになるためには、単元や１時間ずつのゴールの姿、学習の過程が分かる手引きを示すことが重要である。ゴールと学習過程を提示することで主体的な学習者を育成したい。

１０月１６日(月)社会「自然災害にそなえるまちづくり」

大石美里・10月13日（最終編集: 18:54）

100 点

【単元課題】自然災害のこわさを知り、吉田町や県はどのような対策や工夫をしているのかを調べよう。

【課題設定】地震や津波にそなえて、町や県はどのような施設や設備をもうけているのだろう。
☆自分の今日の課題をスプレットシートに打つ。

【今日のゴール】（B評価）
・地震や津波にそなえて、町や県にどのような設備や施設があるのか知り、場所と関連付けながら考えられる。

【情報収集】
・教科書Ｐ９０．９１
・わたしたちの吉田町　Ｐ８１～Ｐ８６
〈教科書の読み方〉
①教科書の本文と資料を結びつける。
②その中から重要であると感じる「キーワード」をふせんに短い言葉で打ち込んでいく。
③集めたふせんとふせんを**比較し、関連付けられる**か考える。

【整理・分析】
・どんな場所にどんな施設や設備があるのか、**場所に着目**。

【まとめ・表現】
・ノートかジャムボード（前回の続きのページ）にまとめる。

【ふりかえり】
・スプレッドシートに振り返りを打つ。

ゴールを明確に示す

子どもたちが、主体的に学びに向かうためには、子ども自身が何のためにこの学びを行っているのかを理解することが重要である。そのためにゴールを明確にする必要がある。

（1）単元の見通し

① Google Classroom の課題の機能を使用し、Google スライドで作成した単元計画を毎時間の資料として添付した。子ども自身が単元の見通しをもち、学ぶ意味や学習の進捗状況を自分で確認できるよう、学習環境を整えた。

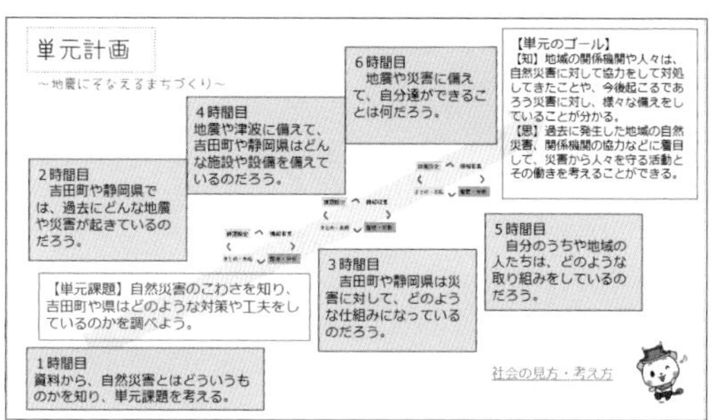

資料1　添付した単元計画

②教師の提示する課題が、オーセンティックなものであることにより、子ども1人ひとりが課題を自分事として捉えるようになる。そこで、パフォーマンス課題を設定した。単元の導入で､課題が記載された Google スライドやルーブリック表を提示し、何のために学ぶのかを説明した。算数科の実践では、自分たちの学びが実生活に役立つことを知り、子どもたちは自分の学びを調整しながら主体的に取り組んでいた。

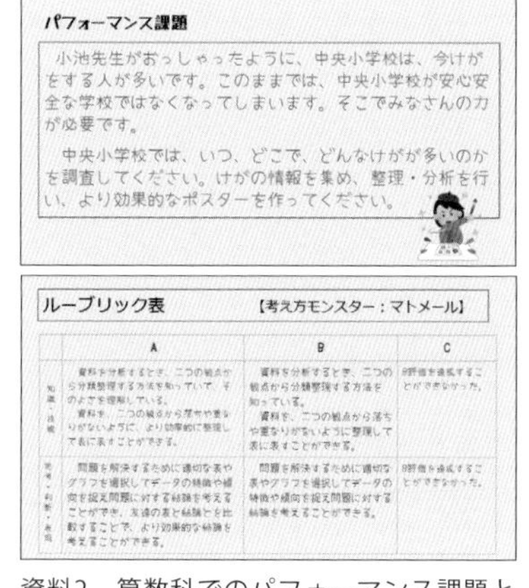
パフォーマンス課題

小池先生がおっしゃったように、中央小学校は、今けがをする人が多いです。このままでは、中央小学校が安心安全な学校ではなくなってしまいます。そこでみなさんの力が必要です。

中央小学校では、いつ、どこで、どんなけがが多いのかを調査してください。けがの情報を集め、整理・分析を行い、より効果的なポスターを作ってください。

ルーブリック表　【考え方モンスター：マトメール】

	A	B	C
知識・技能	資料を分析するとき、二つの観点から分類整理する方法を知っていて、そのよさを理解している。 資料を、二つの観点から落ちや重なりがないように、より効果的に整理して表に表すことができる。	資料を分析するとき、二つの観点から分類整理する方法を知っている。 資料を、二つの観点から落ちや重なりがないように整理して表に表すことができる。	B評価を達成することができなかった。
思考・判断・表現	問題を解決するために適切な表やグラフを選択してデータの特徴や傾向を捉え問題に対する結論を考えることができ、友達の表と結論とを比較することで、より効果的な結論を考えることができる。	問題を解決するために適切な表やグラフを選択してデータの特徴や傾向を捉え問題に対する結論を考えることができる。	B評価を達成することができなかった。

資料2　算数科でのパフォーマンス課題とルーブリック評価

（2）毎時間のゴール

その時間に到達したいゴールとして B 評価を示している。また、生活と結びつけられたり、教科の本質に迫ったりすることができたものを A 評価とし、より深い学びを方向づけたり、価値づけたりしている。

子ども1人ひとりが探究の学習過程で進める

子ども1人ひとりが学習過程を自ら進められるためには、学び方を身につける必要がある。

そこで、Google Classroom に探究の学習過程に添った手引きを示し、単元や 1 時間の授業を進められるようにした。また、その教科の見方・考え方を働かせながら、問題解決をする中で、子ども自らが必要に応じて協働的な学びを行い、自分の学びをより深い学びにする学び方を発揮できる場を設定した。

（1）手引きに示された学習過程で学ぶ A さん

4 年社会科【災害にそなえるまちづくり】

Google Classroom に示された学習過程を確認しながら、自分の考えをまとめていった A さん。個の学びでは、避難タワーが海の近くにあることに気づいていた。

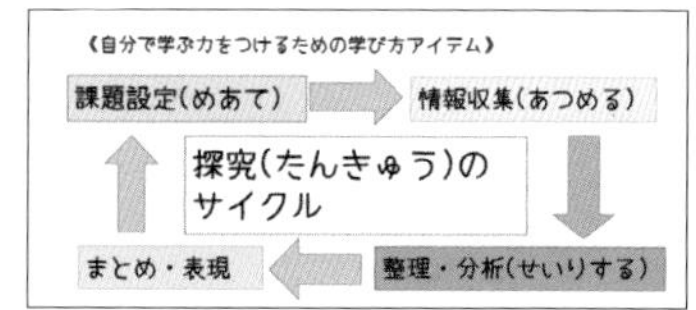

その後、友だちとの交流を通して、逆に安全な場所に防災公園が設置されていることに気づいた。1 人ひとりが示された学習過程で進め、自分の考えをもち、自ら協働学習を取り入れたことで、教師の働きかけがなくとも、自分の学びを深められた。

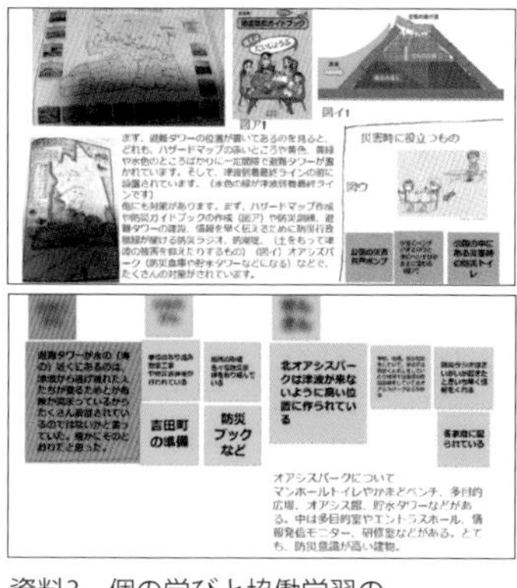

資料3　個の学びと協働学習の Google Jamboard

支援・環境

06

支援の種類

学習の計画

小学校４年生

使用ツール

小松良介

学習過程の可視化と保存

学習過程を Google Classroom に投稿することで、子どもたちは自分のタイミングで、繰り返し確認することができるようになる。また、授業形態が学習者主体に変容するのに伴い、子どもたちが自分で学習の計画をたて、調整しながら学習を進められる。

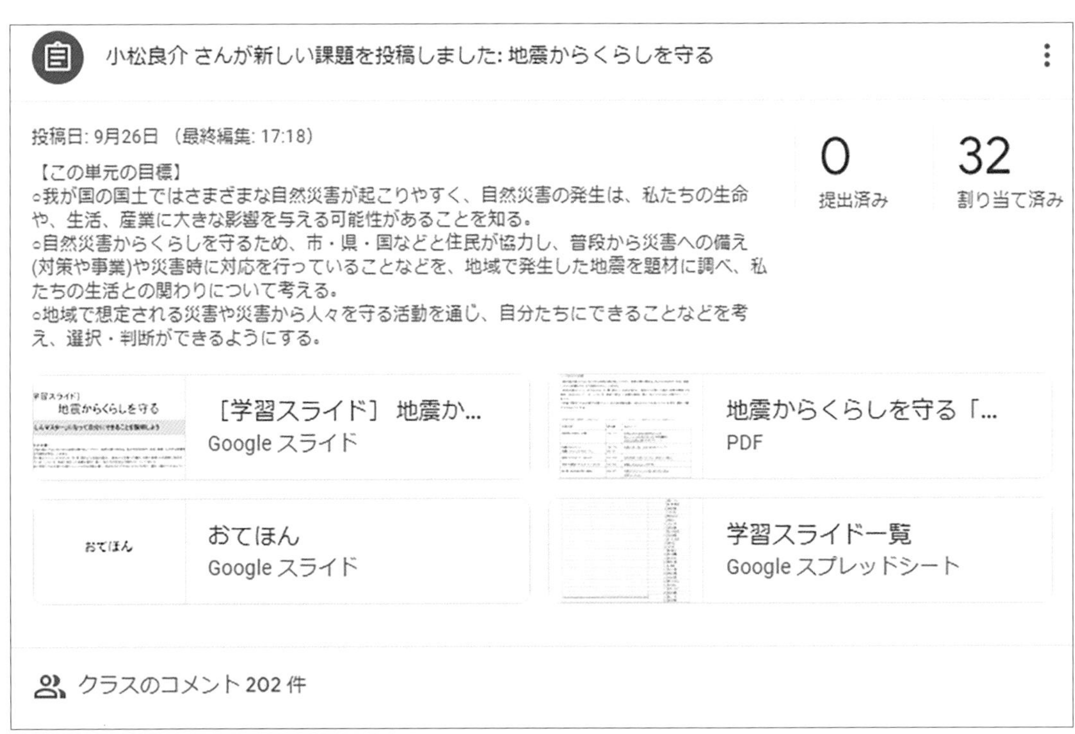

板書観が変わる

かつて、筆者は「授業のイロハ」として先輩に「板書」の重要性を教えていただいた。板書計画は授業研究そのものである、とも言われ、板書構造や言葉の精選を大切にしながら取り組んだ。かつては、目標や学習の流れ、ポイント、ルーブリック、児童の名札、発言の内容などが板書に示されていることが多かったのだろう。あるいは教師による口頭の説明で学習指示が行われてきた。児童生徒による発言の内容は授業者が整理し、黒板に書いてまとめていった。

GIGA スクール構想の実現に伴い、1人1台端末が導入され、授業観の変化とともに授業形態が変わると、板書観も変容するのではないか。

学習過程の保存機能

例えば、Google Classroom のストリームや課題の機能を利用すると、上記の学習過程に関わる情報が一体化して共有される。児童の学習状況を見ながら、教師は追加の指示を伝えることもあるが、投稿内容を修正したり、コメント欄に追記したりすることで、追加の情報が可視化されるとともに修正履歴が消えずに残る。また、児童は自分のタイミングで何度も確認することができ、聞き逃したり忘れてしまったりした児童も、もう一度確認ができる。見通しをもつことや学習過程を自分のタイミングで確認できることにより、様々な子どもたちの安心感が高まったり学習意欲が促進されたりすることにつながるのではないだろうか。

また、これまでは児童の発話内容を教師が黒板に整理しながら書くことがあった。1人ずつ交代しながら発言して発表する形式では、聞いたり書いたりしてまとめるのに時間がかかったり、一部の児童生徒の意見に限定されたりすることがあった。そこで、Google Classroom のコメント欄や質問機能を利用することによって、限られた時間の中でより多くのアウトプットを促すことが可能となる。発言に抵抗のある児童でも取り組みやすいため、言語活動が活発になる。また、入力した情報をもとに、議論を活性化することにもつながる。

計画を児童がたてる

これまでは、教師が学習計画を提示し、定められたワークシートの中で取り組む授業が多かった。1人1台端末とクラウドを活用することで、児童が個々の興味関心に応じながら学習の計画を立てたり（図 1)、進度に応じて調整したりしながら学習を進めていきやすい環境となった。代表的な形態が「自由進度学習」。子どもたちが自分の興味関心に応じて進度や内容を調整しながら学習を進めることのできる形態だ。

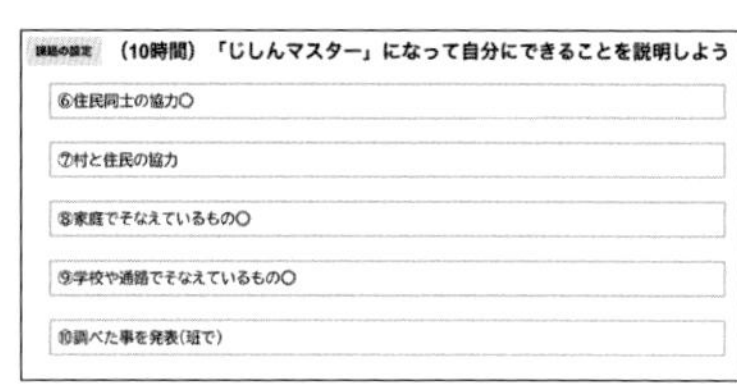

図1　児童の計画

とはいえ、はじめから子どもたちに学習計画を立てさせることには抵抗があるだろう。はじめのうちは1時間の内の 20 分程度、慣れてきたら 30 分程度というように段階的に計画する時間を増やしてみよう。目標設定や方法の選択など、少しずつ教えて定着を図る。図 2 のように目標や流れ、学習リンクなどを示した資料をもとに計画の立て方を教え、慣れてきたら、2 から 3 時間程度の単元計画を立ててみよう。

時間のかかる大きな単元では、資料をもとに目標や内容を共有しながら、学習計画を立てていこう。

「学習のてびき」

地震からくらしを守る

【この単元の目標】

○我が国の国土ではさまざまな自然災害が起こりやすく、自然災害の発生は、私たちの生命や、生活、産業に大きな影響を与える可能性があることを知る。
○自然災害からくらしを守るため、市・県・国などと住民が協力し、普段から災害への備え（対策や事業）や災害時に対応を行っていることなどを、地域で発生した地震を題材に調べ、私たちの生活との関わりについて考える。
○地域で想定される災害や災害から人々を守る活動を通じ、自分たちにできることなどを考え、選択・判断ができるようにする。

【学習内容と資料】

学習内容	教科書	Webリンク
長野県の地形と災害	76-77	学校における防災教育のてびき 統計でみる都道府県の姿(帝国書院) 日本の自然災害(NHKクリップ)
地震がおきたら 地震とわたしたちのくらし	78-79 80-81	地震の多い国 日本(NHKクリップ)
家庭でそなえているもの	82-83	首相官邸「災害に対するご家庭での備え」

図2　学習の手引き

支援・環境

07

支援の種類

学びの参照と共有

小学校中学年以上

使用ツール

杉本啓馬

Google Chat を学びのハブに

児童がそれぞれ学習していくために、Google Chat で他の児童の学習の過程や結果を参照でき、学びを共有することができるようにした。各教科と個人の Google Chat 上のスペースを活用し、それぞれの児童が必要に応じて学びを進められるように支援をした。

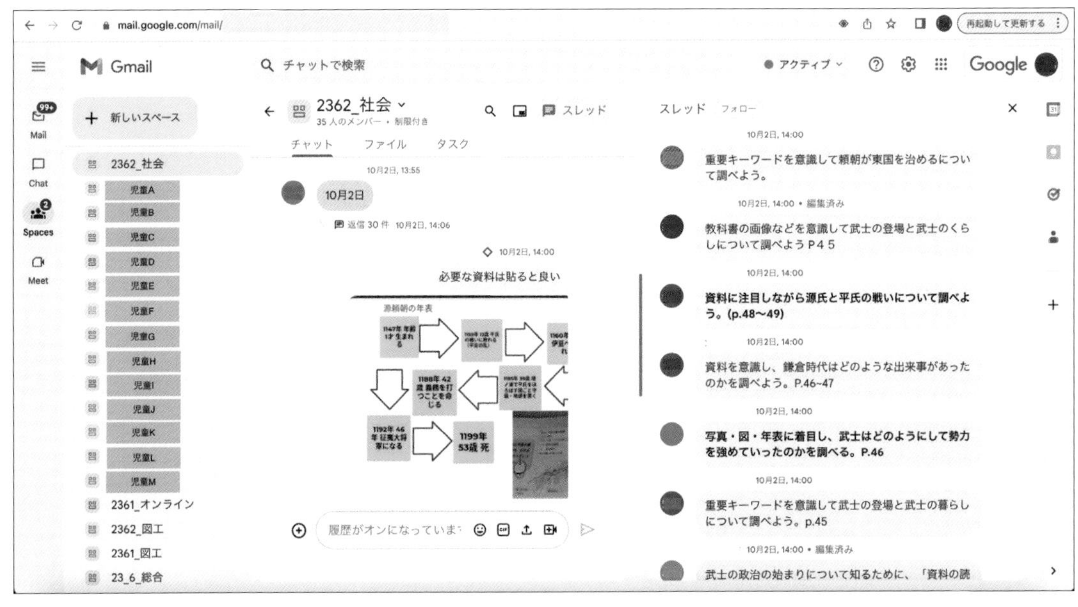

いつでも・どこからでも・だれとでも

Google Classroom から、Google スライドで作成した教師が授業の流れを示した手引きの一斉配付を行い、学びを可視化するための Google Jamboard は児童自身で作成するように伝えている。しかしそこでは、学びが個人に留まり、他の児童がどのような過程で学んでいるのかが見えなかった。そのため、Google Chat を用いた。児童が必要に応じて他の児童の学びの過程を参照することができるようにし、学びを進めるための支援として活用した。

Google Chat 上の各教科のスペースに、めあてを１人ひとりが投稿している。児童は、書き込まれためあてをもとに一緒に学ぶ人を決めたり、質問をする人を決めたりしている。これは、学習の進度にずれが生じてきたからである。しかし、学びの進度がにずれが生じたからといって、学びが孤独になるのではない。Google Chat に投稿されためあてによって、児童が学ぶ内容も一緒に学ぶ人も自己決定できるようにするための支援になっている。

めあてだけではなく、授業の多くの場面で他の児童の学習の過程を参照することを行っている。Google Chat 上に共有された Google Jamboard や Google スライドなどを参照し、自己の学びに繋げていることで、個別最適かつ協働的に学びを進めていくことができる。

図1　Google Chat 上に投稿された Google Jamboard を参照して学習を進める様子

Google Chat は物置

Google Chat と聞くと、会話をするツールのように感じる。会話をする場面もあるが授業では、教師が授業の流れを示した手引きや成果物を URL で共有する場面がほとんどである。そのため、Google Chat の児童との共通認識は「物置」である。

児童が必要な情報にストレスなく辿り着けるように、各教科と各個人のスペースを作成している。どちらも、クラスメイトと教員を招待している。

スペース内を見れば、いつでも・どこからでも・だれとでも他の児童の学習の過程や結果を参照でき、学びを共有することができる。

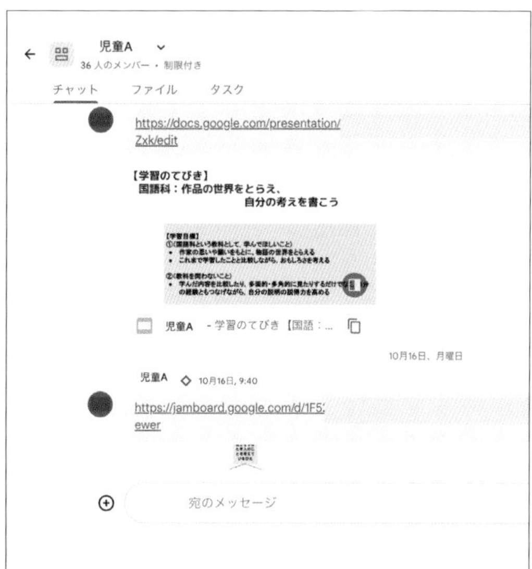

図2　個人のスペースでの投稿の様子

支援・環境

08

支援の種類

学びの参照と共有

小学校 6 年生

使用ツール

中田 樹

Google Chat を活用し、情報共有を行う

Google Chat に自分の考えをアウトプットすることをどの授業でも呼びかけた。子どもたちは、Google Chat を活用し情報共有を行うことで、交流の質を高めた。また、目的意識のある対話を行うことで授業のテンポが良くなり子どもたちの思考が加速することにつながる。

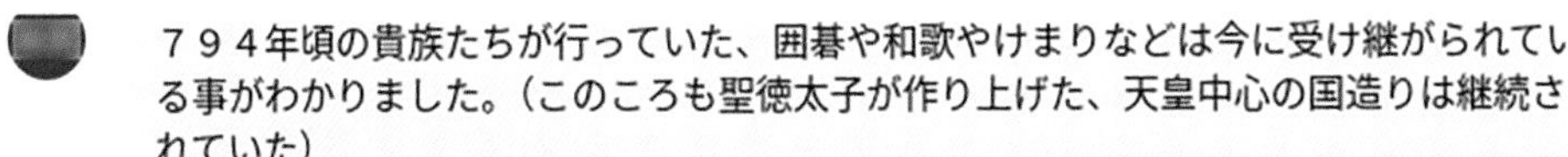

７９４年頃の貴族たちが行っていた、囲碁や和歌やけまりなどは今に受け継がられている事がわかりました。（このころも聖徳太子が作り上げた、天皇中心の国造りは継続されていた）
また今私達が当たり前に使っているひらがなやカタカナ（かな文字）もこの頃作られたものだと今わかりました。

2

9月20日, 9:35

これ以外にも、かな文字（ひらがなや片仮名）や大和絵（日本風の絵）なども昔からあったことがわかったよ

あとは生活道具も貴族の感性と匠の技によって昔から磨かれていたことがわかった

9月20日, 9:36 • 編集済み

わかったこと
昔は、和歌、囲碁、七草がゆなどは、今も文化としてあるから、異族の文化は今にも受け継がれている！！

昔のものが受け継がれているってことは、人々にすごく影響があるんだね。

Google Chatで授業が変わった

Google Chatを使うようになったことで、授業のリズムやテンポが早くなった。以前の交流は、席を出て、とにかく近くの友だちと「どんな考えになった？」から始まるものが多かった。この交流は、目的意識が乏しく、「形」だけになってしまうこともあった。しかし、Google Chatを活用するようになってからは、自分の考えをすぐに、アウトプットし、その考えをもとに交流している場面が増え、目的意識のある対話が生まれていることを実感している。

情報の即時共有のよさ

1. 与えられた課題や自らの問いに対して、教科書から読み取った情報をアウトプットすることで、情報の即時共有ができる。
2. また、アウトプットし続けることで、自分の考えを深めることにもつながる。
3. 他者参照を行い、自分の考えと比較したり、情報の読み取り方を真似をしたりすることで、学習内容だけでなく、学習方法まで共有することができる。
4. Google Chat上で意見交換が可能になり、自席にいながらも交流することができる。

Google Chatでの即時共有は、新しい考えを発見する手掛かりや、自分の考えを深める手立てとして活用することができる。

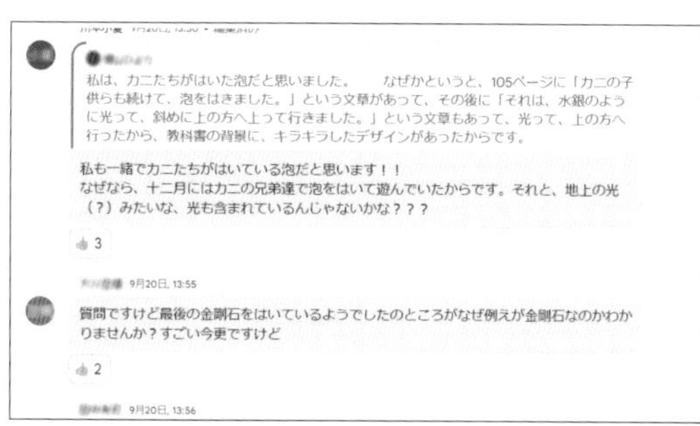

目的意識のある対話の道具

Google Chat上に自分の考えを表出させることでたくさんのメリットがあるが、子どもたちが一番のメリットだと感じていることに、「Google Chatは対話の道具になる」という声が一番多く挙げられる。「個別最適な学び」には、必ず「協働的な学び」がセットになってくる。子どもたちは「情報の収集」「整理・分析」をする際には、Google Chatを活用して、対話を行っていた。その対話を行う道具として子どもたちはGoogle Chatを活用している。Google Chat上に表出された個々の考えをもとに、自分の考えと比較し、そこから疑問に思ったことや自分の考えと異なることを直接交流する子どもが多い。これは、個々の考えを見える化したことで生まれた光景である。

そして、子どもたちはGoogle Chatを効果的に活用するために、どんな内容を載せればよいか考えたことがあった。

1. 「学習の仕方を載せる」
2. 「疑問に思ったことを載せる」
3. 「教科書から読み取った情報を載せる」
4. 「想像したことや予想したことを載せる」
5. 「友だちからの問いについて返答する」

上記1~5は、子どもたちが学活の時間や授業後にGoogle Chatの質・対話の質を向上しようという目的で自分たちで話し合って考えたルールである。Google Chatをどの授業でも活用することで、子どもたちの情報モラルに対する意識が向上し、内容の質が高まった結果、目的意識のある対話が増え、深い学びへつながったことを実感している。

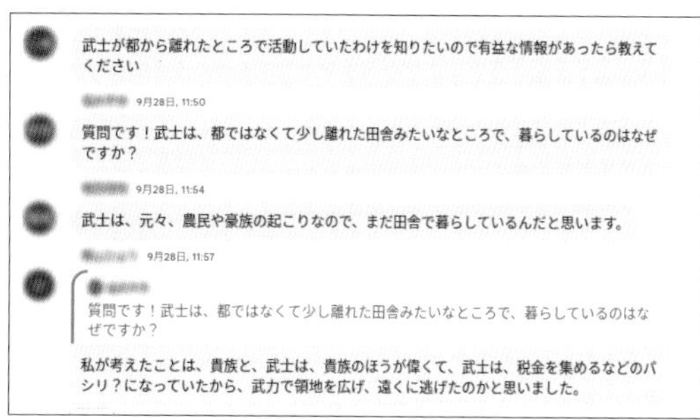

支援・環境

09

支援の種類

モニタリング（学習進度）

小学校 5 年生

使用ツール

近江悠太

進捗状況を共有し、協働的な学びを促す

進捗状況を共有するために、Google スプレッドシートで学習の状況が分かるチェックシートを用意した。児童は自身の学習の状況をセルフチェックすることで、教員が児童の進捗状況を把握できるだけでなく、児童もお互いの進捗状況を見ながら、学習に取り組むことができる。

メダカの成長　進捗状況

ファイル　編集　表示　挿入　表示形式　データ　ツール　拡張機能　ヘルプ

	P46	P47	P48	P49	P50・51	P52	P54.55
出席番号	飼い方	オスとメス	卵の過程	卵の観察	卵の変化	子メダカ	練習問題
1	A 説明できる	S A+α	B 内容わかった	B 内容わかった	B 内容わかった	A 説明できる	B 内容わかった
2	A 説明できる	S A+α	A 説明できる	A 説明できる	B 内容わかった	B 内容わかった	B 内容わかった
3	S A+α	S A+α	S A+α	S A+α	S A+α	S A+α	A 説明できる
4	A 説明できる	S A+α	S A+α	B 内容わかった	A 説明できる	A 説明できる	
5	B 内容わかった	A 説明できる	B 内容わかった	取組中	取組中	B 内容わかった	
6	A 説明できる	A 説明できる	B 内容わかった		B 内容わかった	B 内容わかった	取組中
7	A 説明できる	S A+α	B 内容わかった	B 内容わかった	B 内容わかった	A 説明できる	B 内容わかった
8	S A+α	S A+α	B 内容わかった	S A+α	S A+α	S A+α	
9	B 内容わかった	B 内容わかった	B 内容わかった	B 内容わかった	B 内容わかった	B 内容わかった	B 内容わかった
10	A 説明できる	A 説明できる	A 説明できる	A 説明できる	A 説明できる	A 説明できる	A 説明できる
11	B 内容わかった	S A+α	A 説明できる	A 説明できる	S A+α	S A+α	
12	B 内容わかった	S A+α	B 内容わかった	B 内容わかった	B 内容わかった	B 内容わかった	取組中
13	S A+α	A 説明できる	S A+α	A 説明できる	A 説明できる	A 説明できる	B 内容わかった
14	S A+α	S A+α	S A+α	S A+α	S A+α	S A+α	S A+α
15	S A+α	S A+α	S A+α	S A+α	S A+α	S A+α	A 説明できる
16	B 内容わかった	A 説明できる	B 内容わかった	B 内容わかった	B 内容わかった	B 内容わかった	B 内容わかった
17	A 説明できる	S A+α	A 説明できる	S A+α	A 説明できる	A 説明できる	A 説明できる
18	S A+α	S A+α	S A+α	S A+α	S A+α	S A+α	
19	S A+α	A 説明できる	B 内容わかった	A 説明できる	A 説明できる	B 内容わかった	B 内容わかった
20	S A+α	S A+α	S A+α	A 説明できる	S A+α	S A+α	A 説明できる
21	S A+α	S A+α	A 説明できる	A 説明できる	A 説明できる	S A+α	B 内容わかった
22	S A+α	A 説明できる	B 内容わかった	B 内容わかった	A 説明できる	B 内容わかった	取組中
23	S A+α	S A+α	S A+α	A 説明できる	S A+α	S A+α	取組中
24	B 内容わかった	A 説明できる	B 内容わかった	B 内容わかった	B 内容わかった	S A+α	

本時の課題を設定して、宣言!

進捗状況を共有できるチェックシートには教科書に準拠した学習内容とセルフチェックの欄（図 1）を設けた。図 1 のチェックシートでは、教科書のページごと、学習内容に関連する課題（例：P 46 メダカの飼い方をマスターしよう!）を設定した。

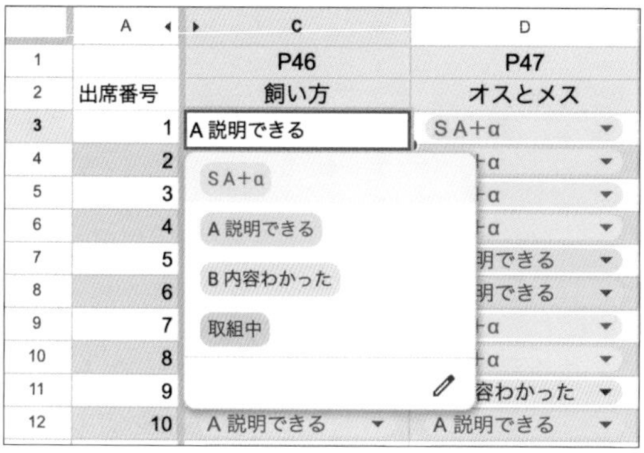

	A	C	D
1		P46	P47
2	出席番号	飼い方	オスとメス
3	1	A 説明できる	S A+α
4	2		+α
5	3		+α
6	4		+α
7	5		明できる
8	6		明できる
9	7		+α
10	8		+α
11	9		容わかった
12	10	A 説明できる	A 説明できる

S A+α
A 説明できる
B 内容わかった
取組中

図1　学習進度のチェックシート

児童が本時の課題意識をもって学習に取り組むことができるように、授業の始まりに Google Classroom のストリームに本時の課題を書いて、共有した（図 2）。本時の目標が似ている児童と一緒に学習を進めたり、学習の途中でお互いに参照しあったりすることにつながった。

クラスのコメント 24 件

6月23日
子メダカでAを目指す

図2　本時の課題を宣言する様子

学びを向上させるための学び直し

一通り学習してセルフチェックをつけた後に、もう一度学び直し、学びを深める児童の姿が見られた。

ある児童は、1 度目の学習では、メダカの飼い方を教科書で学び、実際の水槽で確認し、セルフチェックで A をつけた。単元の全ての学習内容を学び終えた後に、2 度目の学習として、メダカの飼い方の欄の自己評価を S にするために、（この単元における S とは「A+ αの内容を調べて説明できる」と設定した。）本やインターネットを活用したり、再び実際の水槽を観察したりなどして学び直し、自己評価を A から S に変えていた。

このように、進捗状況のチェックシートにセルフチェックをすることは、自己の学びを深めるための手立てにもなった。

授業中の支援の仕方

チェックシートを活用して学習を行う際に、教員は児童1人ひとりの進捗状況や学習の様子を把握し、支援を行う。例えば、学習内容の理解に困難さを感じている児童には、個別に教えたり、同じような困難さを感じている児童を集めて話し合いを促したりする。学習を個人で進めている児童には、「Aさんに聞いてみたらどうかな?」「Aさんの意見、面白いよ」など交流を促す声掛けを行う。そのような支援を繰り返し行うことで、児童は協働的に学ぶことのよさを実感し、自ら友だちと関わりながら学習するようになることにつながる。

また、児童は教員に、自身の学習の進め方のアドバイスを求めたり、学習内容の説明をしたりするので、その時は個別に対応する。チェックシートの活用に加え、このような手立てを行うことにより、協働的な学びにつながる。

支援・環境

10

支援の種類

モニタリング（学習進度）

小学校 5 年生

使用ツール

中澤美森

友だちの学習内容・状況を一覧で見る

子どもたちが、いつでも誰のものでも学習内容を見て参考にできるように、URL の置き場所を作成した。子どもたちは友だちのファイルを参考に学習を進める。自分の進度もチェックリストで共有するため、同じ進度の子ども同士で学習を進める姿が見られた。

自動車生産学習シート

ファイル　編集　表示　挿入　表示形式　データ　ツール　拡張機能　ヘルプ

	名前	テーマ	テーマ設定の理由	課題の設定	情報の収集	整理・分析	まとめ・表	スライドURL
1		自動車の生産はどのような流れで進められているのだろうか。	車には、「ドアが開いている」とか「電気がついている」など教えてくれる機能や前列の席と連動して窓が開けられたり、速度を変えたり自由自在に動かすことができるのでその作り方や仕組みを知りたいからこのテーマにした。	☑	☑	☐	☐	自動車生産
2		車が今までどのような変化を遂げてきたのか、また、これからの(未来の)車(技術の最先端の車)とはどのようなものか	今までの、車がどのような形をしていたのか気になるし、これからの車もどうなって行くか気になったからです	☑	☑	☐	☐	社会自動車
3		今の自動車づくりにはどのようなことが求められているのだろうかそれとくるまの進化どの用になるのか(昔と今の車の違い)	ガソリンのせいで地球温暖化が起きているからそれを気をつけているとどのような車になるのかが気になったから	☑	☐	☐	☐	自動車
4		自動車の昔と今そして、自分たちの未来はどのようになるのか？	昔と今の違いが気になったし、書写の時間に未来はそらとぶ自動車などの話を聞いたので気になって調べようと思いました。	☑	☑	☐	☐	自動車
5		日本の自動車やその生産の様子は、昔と比べてどのように変わってきているのだろう。	昔と今の、自動車はどのように変わっているか、気になったからです。	☑	☑	☐	☐	自動車の生産
6		車の進化の行く末	昔の車がどうしてモデルが変わって今のようなハイブリッドなどになったかや車は今後どのように進化するか気になったからです	☑	☑	☑	☑	社会自動車
7		自動車の昔と今の違いはどのように違うのだろう、そしてこれかのみらいはどの様になるのか	今と昔はどんなのか昔から気になっていて、更に書写のときにこれからそらとぶ車があると聞いて気になった。	☑	☐	☐	☐	自動車
8		自動車を生産する上でのの手順、関係する会社について	祖母が車関係の会社で働いているが、車の製作の上で関わる会社はどういう会社があるか調べたくなったから。また、手順も気になったから	☑	☑	☑	☑	社会　車作り

取り組みを一覧にすることで全体の様子が把握できる　｜　探究の過程チェック欄　｜　資料

一覧にして、アクセスしやすく

子どもたちは初め、資料をGoogle Classroomのコメント欄にURLを載せる形で共有していた。しかしそれでは資料を見逃してしまうことが多く、子どもたちの学びを把握することが難しかった。そのため、学びの進捗や資料の一覧をGoogleスプレッドシートで整理することにした（図1)。すると、教師は子どもたちの学びの進捗を一目で確認す ることができ、適切な支援や声かけがしやすくなった。

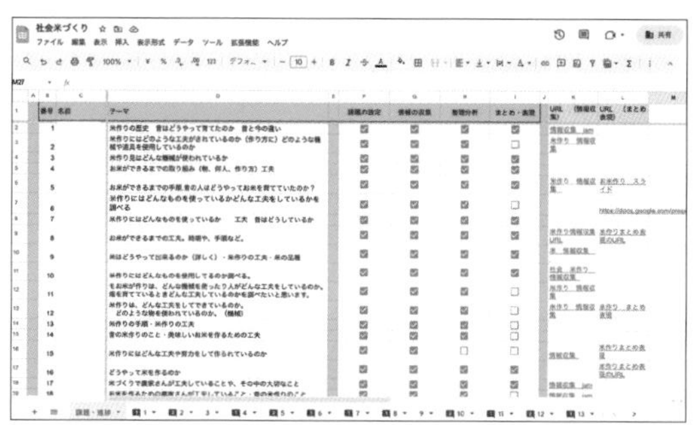

図1　子どもたちの学びの進捗や資料が一覧になった学習シート

友だちのファイルをいつでも参考にでき

学習シートには、名前の列に資料のURLを載せるようにした。教師が子どもたちの資料を見やすくなると同時に、子ども同士でもそれぞれの学びの様子をいつでも見られて参考にできるようになった。また、資料を個人に共有しなくてもシートのURLからファイルを開くことができるため、友だち同士でコメントをし合うことが容易になった（図2）。

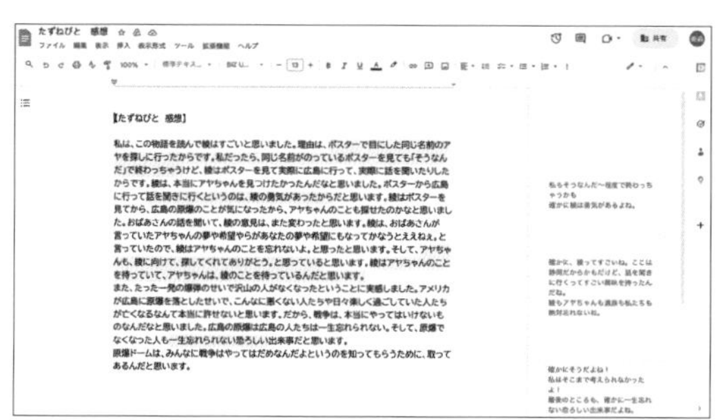

【たずねびと　感想】

私は、この物語を読んで綾はすごいと思いました。理由は、ポスターで目にした同じ名前のアヤを探しに行ったからです。私だったら、同じ名前がのっているポスターを見ても「そうなんだ」で終わっちゃうけど、綾はポスターを見て実際に広島に行って、実際に話を聞いたりしたからです。綾は、本当にアヤちゃんを見つけたかったんだなと思いました。ポスターから広島に行って話を聞きに行くというのは、綾の勇気があったからだと思います。綾はポスターを見てから、広島の原爆のことが気になったから、アヤちゃんのことも探せたのかなと思いました。おばあさんの話を聞いて、綾の意見は、また変わったと思います。綾は、おばあさんが言っていたアヤちゃんの夢や希望やらがあなたの夢や希望にもなってかなうとええねぇ。と言っていたので、綾はアヤちゃんのことを忘れないよ。と思ったと思います。そして、アヤちゃんも、綾に向けて、探してくれてありがとう。と思っていると思います。綾はアヤちゃんのことを待っていて、アヤちゃんは、綾のことを待っているんだと思います。
また、たった一発の爆弾のせいで沢山の人がなくなったということに実感しました。アメリカが広島に原爆を落としたせいで、こんなに悪くない人たちや日々楽しく過ごしていた人たちが亡くなるなんて本当に許せないと思います。だから、戦争は、本当にやってはいけないものなんだなと思いました。広島の原爆は広島の人たちは一生忘れられない。そして、原爆でなくなった人も一生忘れられない恐ろしい出来事だと思います。
原爆ドームは、みんなに戦争はやってはだめなんだよというのを知ってもらうために、取ってあるんだと思います。

図2　本時の課題を宣言する様子

進捗を見て、学び方を決める

自分で計画を立てて学ぶ際の自己調整を目的に、進捗チェックリストを設けた。チェックリストの項目は、探究の過程を参考に作成した。子どもたちはその項目の学習が終わったらチェックを入れる（図3)。次第に友だちの進捗を参考にし、同じ進捗の人と交流しながら学習を進める姿が見られるようになった（図4)。

図3　学習内容が終わり、チェックを入れている様子

図4　友だちと学習シートを確認しながら交流している様子

支援・環境

11

支援の種類

モニタリング（多様な学び）

小学校高学年

使用ツール

山川敬生

クラウドを活用して多様な学びを見取る

学習者が学習形態を選択するようになり、協働的な学びや個別最適な学びといった、従来の一斉授業から多様な学びに変化するようになっている。クラウドを活用し、学習状況を把握することで、机間指導とともに多様な学びを見取ることが可能になる。

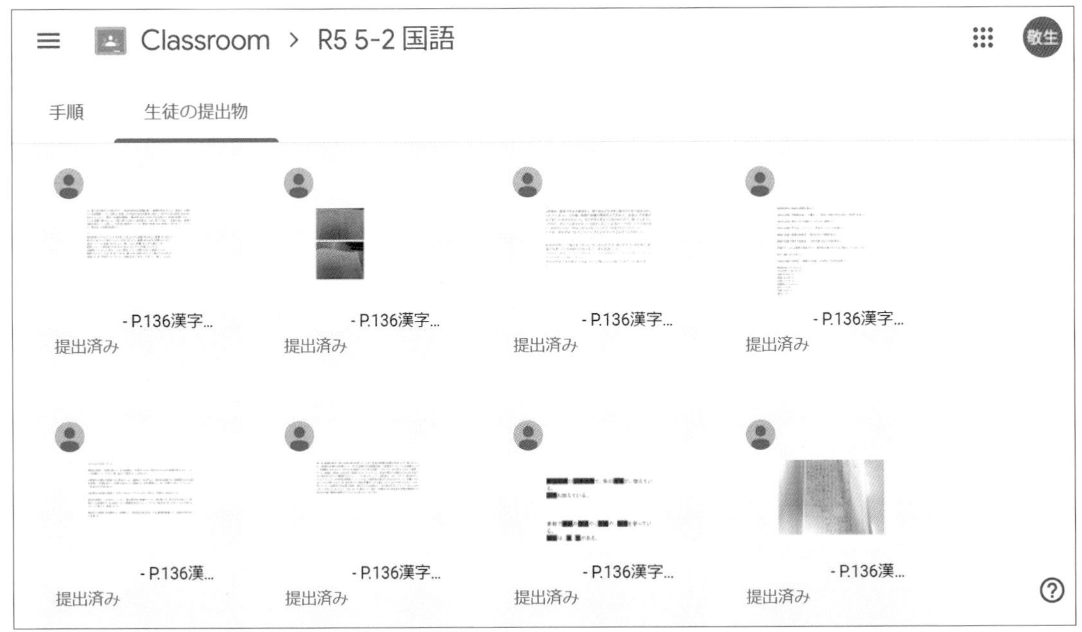

教師が多様な学びを認め、学ぶ目的を伝える

個別最適な学びや協働的な学びでは、学習者によって学び方は異なってくる。学習形態だけでも、個人で学びたい学習者、ペアやグループなど複数人で学びたい学習者、個人で学びつつ、必要に応じて複数人で学びたい学習者と、学習者によって学び方は多岐にわたる。まずは一斉以外の学び方を教師側が認めることが大切になるであろう。

しかし、学習者が学習形態を選択する際に、自由としてしまうと、日頃の学習者同士の関係性だけで複数人をつくる学習者もいるであろう。多様な学びといっても「学習者自らが学びを深めること」が目的であることは忘れてはいけないと考える。学習者には、常になんのために学ぶのか、なんのためにその学びの方法を選択するのか等といった、学びに対する目的意識をもたせられるように個別の支援や指導をしていくのが大切ではないだろうか。

クラウドを活用して見取る

多様な学びを認めると、今までの一斉とは異なり、学習者によって進度や学習内容も異なってくる。その際に、机間指導のみで把握するのは困難になってくる。そのときに活用できるのがクラウドである。Google ドキュメントや Google スライド を何も書いていない状態で配付し、Google Chat や Google Classroom にリンクを載せることで、教師は学習者の進捗状況や学びの内容を把握しやすくなる。また、Google スプレッドシートや Google Chat 等で学習者自身のめあてを確認することで、学習者自身が本時の学びとして何を目指すのかを把握しやすくなる。

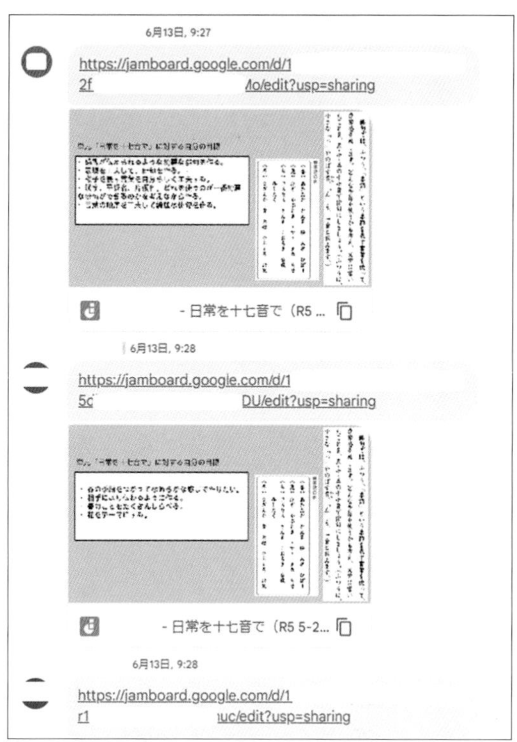

資料　Google Chat での共有

従来の机間指導ももちろん行う

クラウドを活用するからといって、従来の机間指導や声掛けといった支援がなくなるわけではない。自力では解決が難しい学習者や、困り感をもっている学習者、目指す方向性からずれている学習者に声をかけるのは、多様な学びになったからといって変わらない。クラウド上で確認してから支援にいける分、学習者がもっている考えに近づいて支援できるのではないだろうか。

また、クラウド上で共有されたデータを確認し、同じテーマや、同じ学習内容を選択している学習者同士で助言し合いながら解決できるように、日頃から学習者自身が共有されたクラウド上のものを見る習慣をつけておくことが大切である。さらに、気軽に学習者同士で相談してもよいといった雰囲気をつくっておくことも教師の支援として大切だと考える。

支援・環境

12

支援の種類

モニタリング（多様な学び）

小学校 4~6 年生

使用ツール

杉田直隆

教師が1人ひとりの学びを瞬時に把握し、支援する

子どもの多様な学び方（学習内容や学習方法）を Google スプレッドシート等を使って教師が瞬時に把握することで、個に応じた指導を行うことができる。端末により、子どもの文章だけではなく、画像や動画で学習成果も把握できるため、より効率よく指導ができる。

初雪のふる日　④着目する言葉や表現

	A	B	C
1	読んで感じたことをまとめ、伝え合おう　「初雪のふる日」		
2	着目する言葉や表現に着目して、想像を広げよう		
3	名前	本文の言葉（表現、言葉の種類）	想像できること
6		顔を真赤に汗をびっしょりかいて（②色の表現）	あつくて倒れそう
7		ほほは、青ざめ、くちびるはふるえていました。　（②色を表す言葉）	寒い、限界・・・
9		空はどんよりと暗くなり、風も冷たくなりました。（①天気などに関係する言葉）	不安な気持ち
10		片足、片足、両足、片足　　（④くり返し）	たのしいかんじが伝わってくる
11		「空はどんよりと暗くなり、風も冷たくなりました。（①天気などに関係する言葉）	真っ暗なって「もう怖いいけない行きたくないけどとりあえず行く」って感じする
12		ほっほっほと白いもようを付けました。「ふぶきになるわ」。と、女の子は、思いました。「もう帰ろうかな」。①天気などに関係する言葉。	心配している感じ。怖くなってきた。
13		後ろから来るのは白うさぎ、前をゆくのも白うさぎ　（③数を表す言葉）	白うさぎの数が多い、ウサギがたくさんいる
14		空は、どんよりと暗くなり、風も冷たくなりました。（①天気など関係する言葉）	恐怖な感じ
15		「よもぎの葉っぱのうら側は、どうしてこんなに白いのかしら。」（②）	疑問に思っている感じ
17		どこまでも、どこまでも__、世界の果てまで（④くり返し）	怖い感じ
18		「空はどんよりと暗くなり、風も冷たくなりました。（①天気などに関係する言葉）	真っ暗なって「もう怖いいけない行きたくないけどとりあえず行く」って感じがする
19		後ろから来るのは白うさぎ、前をゆくのも白うさぎ　（③数を表す言葉）	白うさぎの数が多い、ウサギがたくさんいる

本時の多様な考えをモニタリング

国語の説明文の授業では、本文を初め・中・おわりに分けて、Google スプレッドシートにその形式段落の番号を記入する活動を行った。

従来の授業では、全ての子どもがどのように分けたのかを授業の中で把握することは難しかった。しかし、Google スプレッドシートに子どもが記入することで、子ども１人ひとりの考えを瞬時に把握することができるようになった。

また、物語文の授業の際は、子ども同士が対話を行いながら考えを深めていく土台として、「本文の言葉」「その言葉から考えられること」を記入するシート（前ページ画像参照）を用意した。子どもたちがどの言葉から、どのような考えをしているのか、また本時の授業展開をどのようにしていくかを考えることに役立った。

これらのシートの活用により、子どもたち１人ひとりがどのように考えているのかが授業の中で瞬時に把握できるため、考えがもてない子や進め方が分かっていない子に対して、すぐに支援をすることができるようになった。これらのシートは教師が子どもの考えを把握するだけでなく、子どもたちが主体的に協働して考えていくための拠り所としても役立っている。

本時の多様な学習進度をモニタリング

子どもたちが「探究的な学習の過程」で学びを進めると、学習方法と学習進度も子どもによって異なってくる。

そこで Google スプレッドシートでチェックシート（図１）を作成した。このシートで子どもたちの学習進度を確認しながら、進度がゆっくりな子、速い子などを把握することができた。

分数の足し算・引き算　8/10

進んでいるところにチェックをしていこう

名前	課題の設定	情報の収集	整理・分析	まとめ・表現
	☑	☑	☑	☐
	☑	☑	☐	☐
	☑	☐	☐	☐
	☑	☑	☑	☐
	☑	☐	☐	☐
	☑	☐	☐	☐
	☑	☐	☑	☐
	☑	☑	☑	☐
	☑	☑	☐	☐
	☑	☑	☑	☐
	☑	☐	☐	☐
	☑	☑	☑	☐
	☑	☐	☐	☐
	☑	☐	☐	☐
	☑	☑	☑	☐
	☑	☑	☐	☐
	☑	☐	☐	☐

図1　学習進度のチェックシート

また、算数において単元の最後に行う練習の時間においては、１人ひとりがどの問題に取り組んでいるのかをすぐに把握でき、つまずいている子や進度が速くてさらに問題を必要とする子が把握できるため、このようなチェックシートは有効であった。

本時の学習成果をモニタリング

本時の授業で学習内容や学習方法を振り返る際にも Google スプレッドシートを活用することが有効である。子どもが書いていることをモニタリングをして、モデルとして示したり、書き始められない子に個別に支援することができた。

また Google スライドを活用して、動画や画像を添付すること（図２）で、さらに子どもの学習内容を見取ることができるようになった。

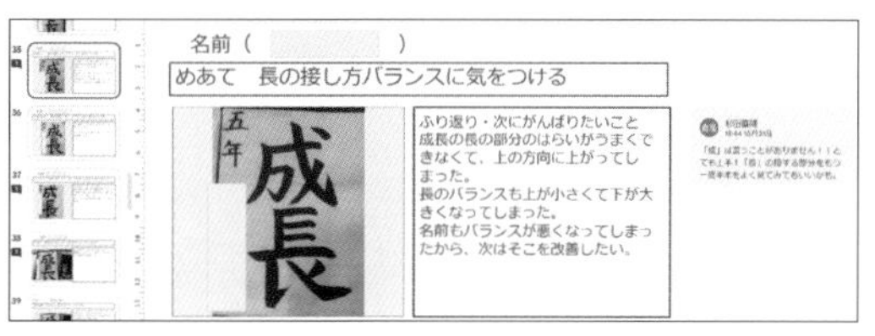

図2　画像付きの振り返り

支援・環境

13

支援の種類

協働の促し

小学校中学年以上

使用ツール

石原浩一

Googleドライブで学習者の自発的な協働を促す

学習者が、自分で「相手」と「タイミング」を選んで協働できるようになるための足場かけとしてGoogleドライブを活用した。クラスの友だちの進捗状況を参照させ、教師が発問を加えることで徐々に自発的に協働できる学習者を育てていきたい。

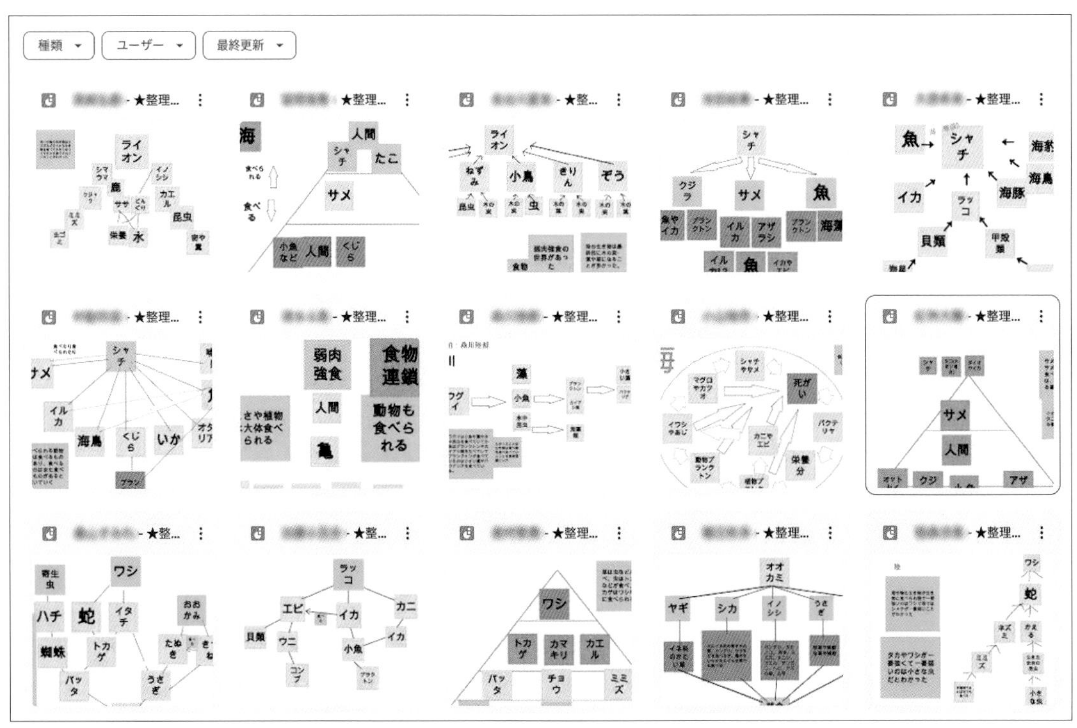

そもそも協働とは?

「きょうどう」には複数の漢字が当てられ、それぞれに様々な定義がある。しかし、微細な定義の違いにこだわるのではなく、「協働」を「みんなと自分が賢くなるための活動」と広く捉えて実践することがポイントである。

よく見られる協働の課題

理想的な協働のゴールは、子ども１人ひとりが最適な「相手」と、必要な「タイミング」でコミュニケーションを取り、互いにとって有益なやり取りができることである。しかし、それは容易なことではない。課題は大きく２点ある。１点目は「いつもの友だち同士で集まってしまうこと」、２点目は「考えの伝え合いで終わってしまうこと」である。

自発的な協働を促す教師の支援

上記のようなゴールを見据えた上で、足場をかけながら少しずつ指導していきたい。まずは、学級全員の考え（作業途中のGoogle スライドやGoogle Jamboard 等）が収められたGoogle ドライブのフォルダを共有し、友だちの考えをいつでも参照できるようにする（図１）。

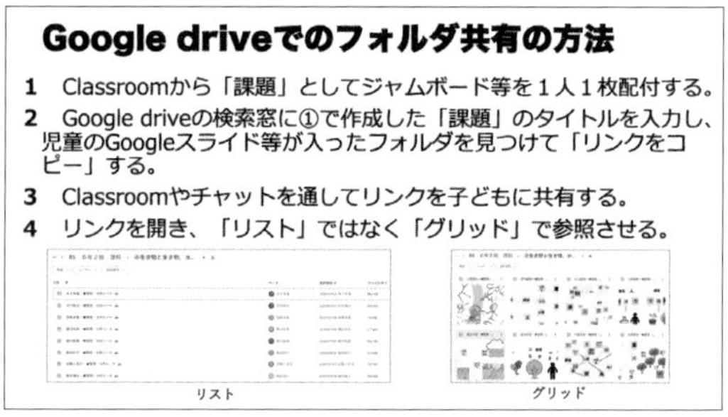

Google driveでのフォルダ共有の方法

1. Classroomから「課題」としてジャムボード等を１人１枚配付する。
2. Google driveの検索窓に①で作成した「課題」のタイトルを入力し、児童のGoogleスライド等が入ったフォルダを見つけて「リンクをコピー」する。
3. Classroomやチャットを通してリンクを子どもに共有する。
4. リンクを開き、「リスト」ではなく「グリッド」で参照させる。

リスト　グリッド

図1　Googleドライブのフォルダ共有の方法

次に、それを参照させながら「自分とは違う考えやアイデアを持った友だちを探してごらん。その子にどんな質問や相談をしたいかな」「自分と似た考えの子は何人いるかな。その子達とどんなことができそうかな」などと教師が発問し、時間をとって考えさせる。その上で、席を立って一緒に活動したい相手と協働するようにさせる。協働する子どもたちの様子を教師は見取り、男女一緒に活動できている姿、目的で相手を決めている姿、表面的な知識の交換ではなく学習方法や学習計画まで話し合えている姿などを見つけ、適宜全体にフィードバックしていく。

最初は、それでもいつもの友だちとしか関われない子もいるだろう。しかし、そのような指導を繰り返していくことで、徐々に自分の問題解決に適した相手を選ぶという学級の共通認識ができてくる。

ここまで子どもが育てば、次は徐々に足場を外していく段階である。教師の発問や協働開始の合図をなくし、自分のタイミングで自分の課題や目的にあった相手との協働を推奨する（図2）。そのような支援を行うことで、学習者の自発的な協働を促すことができるだろう。

図2　目的に応じた相手との協働

支援・環境

14

支援の種類

協働の促し

小学校 3~6 年生

使用ツール

浅井公太

考えの立場を可視化して協働的な学びを支援

協働的な学びの相手を見つける選択肢を広げるために、Google スプレッドシートを使って他者の考え（立場）の可視化を行った。児童は「仲の良い友だち」という心理的安全性だけでなく、自分の考えを深めることのできる相手を見つけ始めた。

	A	B	C	D	E	F
1	出席番号	名前	おばあさんを館に入れるか、入れないか？		おばあさんを館に入れるか、入れないか？	
2	1		入れない	美術館に入れなくても、おばあさんは他の方法で最後の外出日を過ごすことができる	入れない	警備員さんの信用がなくなる。
3						
4	2		入れる	おばあさんは最後の外出を楽しんでほしいです。美術館に行くことで幸せな思い出を作れると思う。	入れる	電車が遅れたのはおばあさんのせいではないから。
5						
6	3		迷っている	美術館の絵が大切な思い出なので、最後の機会を大切にしてあげるべき？	入れない	他のお客さんもしらないだけで、同じことがおこっているかもしれない。
7						
8	4		入れる	おばあさんが遅れたのは自分のせいではない。電車のせい。かわいそう。	入れない	警備員さんの信用がなくなって、警備員さんは仕事がなくなるかもしれない
9						
10	5		入れる	警備員さんは、最後の願いをかなえてあげるべき。	入れる	優しい気持ちを持つことは、大切だと思う。
11						
12	6		入れない	美術館にも閉館時間が決まっている。きまりは大切。	入れない	決まりがあるから、みんな幸せなんだと思う

自分の考えを書く

教師がグループ等を指定せず、児童に学ぶ相手を選択させる授業をし始めると、「仲の良い友だち」と「協働的な学び」をすることが多い。楽しい雰囲気だが、授業の目標に迫る協働的な学びがされているか不安になる。そのため、このテンプレートを使用して「協働的な学び」を支援している。「協働的な学び」の捉えは多くあるが、本事例は、「他者と話し合う」ことを「協働的な学び」とする。

まず児童は、リストで自分の考えの立場を選択し、考えを書く。

出席番号	名前	おばあさんを館に入れるか、入れないか？	
1		入れない	美術館に入れなくても、おばあさんは他の方法で最後の外出日を過ごすことができる
2		入れる	おばあさんは最後の外出を楽しんでほしいです。美術館に行くことで幸せな思い出を作れると思う。
3		迷っている	美術館の絵が大切な思い出なので、最後の機会を大切にしてあげるべき？
4		入れる	おばあさんが遅れたのは自分のせいではない。電車のせい。かわいそう。
5		入れる	警備員さんは、最後の願いをかなえてあげるべき。

図1　自分の考えを書いたシート

シート2枚目にグラフを挿入している。グラフは、児童が自分の考えの立場を入力するごとに、リアルタイムに更新される。ここにデジタルのよさがある。グラフから学級全体がどのような状態なのかを、俯瞰して確認することができる。

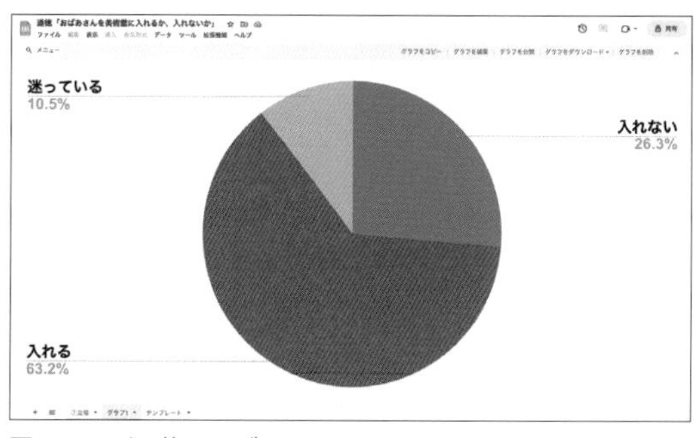

図2　シート2枚目のグラフ

協働的な学びの相手を見つける

このテンプレートは、自分の考えの立場を簡便に表明することができる。また、友だちのリストを確認することで、自分と同じ立場なのか、違う立場なのかを、リアルタイムに確認することができる。

児童が自分の意見を書き終えた頃を見計らって、「誰と話したい？」「なんで、○○さんと話したいの？」等の声をかける。「仲の良い友だち」だけでなく、自分の考えを深めるための相手を考えるきっかけが生まれる。「立場が同じ人」、「立場が違う人」それぞれと話し合うメリットを学級全員で考える時間を設けてもよい。

もう一度自分の考えを書く

協働的な学びをした後、児童は自分の考えを再度書く。協働的な学びで授業を終えてしまうと、「自分の考えを深めるため」であったかを実感する時間がない。テンプレートは意見の変容が分かりやすいように、隣の列に記入する枠を設けてある。

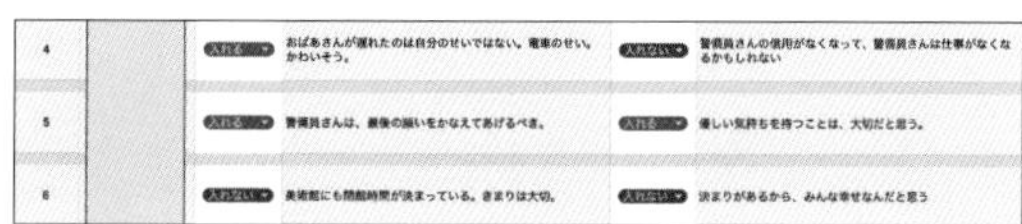

4		入れる	おばあさんが遅れたのは自分のせいではない。電車のせい。かわいそう。	入れない	警備員さんの信用がなくなって、警備員さんは仕事がなくなるかもしれない
5		入れる	警備員さんは、最後の願いをかなえてあげるべき。	入れる	優しい気持ちを持つことは、大切だと思う。
6		入れない	美術館にも開館時間が決まっている。きまりは大切。	入れない	決まりがあるから、みんな幸せなんだと思う

図3　話し合った後の考えを書く様子

授業の最後には、「どうして意見が変わったの？」「だれとどんな話し合いをしたの？」等の声をかける。また、積極的に友だちに声をかけた児童を、価値付ける。

この学習を教科横断的に継続的に行っていくと、自分の考えを深めるための相手を見つける姿勢がだんだんと身についてくる。

支援・環境

15

支援の種類

協働の促し

中学校３年生

使用ツール

落合一臣

「個別最適な学び」への挑戦と克服

毎時間、探究的な学習の過程（課題の設定→情報の収集→整理・分析→まとめ・表現）を回しながら授業を流していく。実践ごとにパフォーマンス課題とルーブリックを設定し、パフォーマンス課題を解決するために、どのように進めていくかの大部分を生徒に任せた。

壁1:一斉授業に慣れ切った生徒たち

1つ目の壁は、従来の一斉授業に慣れ切った生徒の学習観を変えることだ。

一斉授業に慣れた多くの生徒が「個別最適な学び」を意識した授業スタイルに戸惑っていた。特に、学習形態を必要に応じて自分で選択することにうまく対応できていなかったように思う。教室内を自分のタイミングで動き回ったりしたら、注意されるのではないかと心配し、自分の席から移動することなく端末と向かい合い、活動していた（図1）。

図1　端末とにらめっこ状態

そんな状態を打破するためには、協働せざる得ない課題を設定し、協働学習のよさを感じる体験を積み重ねていく必要がある。そして、自分の課題を解決するために必要な相手をその都度、決められるように支援していかなければならないと考える。

そこで、協働が必要になるようなパフォーマンス課題を設定した上で、今取り組んでいる課題をGoogle スプレッドシートに記入させた。そうすることで、誰がどのような課題に取り組んでいるのかをお互いに参照できるようにした。また、Google Jamboard などを共有することで、友だちの学習プロセスを参考にできるようにした。このような学習環境の整備によって、柔軟な協働が可能になり、徐々に様々な学習形態を取り入れることが可能になった（前ページ画像参照）。

壁2:探究的な学習の過程の理解

2つ目の壁は、生徒が探究的な学習の過程（課題の設定→情報の収集→整理・分析→まとめ・表現）を自律的に回すことができるようにしていくことだ。そこで、授業のはじめに、Google スプレッドシートに自分の本時の学習過程を記入し、学習活動に移っていく流れを設定したが、生徒たちはうまく記入できていなかった。特に、「整理・分析」の段階が他の学習過程に比べ、理解が難しいように感じられた。図2に示されているように、「整理・分析」の枠に「スライド」と書いた生徒が目立つ。何をどうすることが「整理・分析」なのか分かっていないことがうかがえる。

課題	情報収集
作品の情報を集める	資料 パンフレット
大塚美術館の絵画を１つ選び、その作品に関しての情報を集める。	・大塚美術館のパンフレット ・検索
・絵画に関する情報を集め、整理し、まとめる。	・大塚美術館の資料 ・Google
作品を決めて、その作品について調べる。	・大塚美術館のパンフレット ・インターネット
整理・分析	**まとめ・表現**
スライド	集めた情報をスライドでまとめる
・スライド	・情報ごとに分類して、どの情報が必要かも選んだりする。
作業用スライドに書いて色んなものと比較する。	・集めた情報を作業用スライドにまとめる
・スライド	・調べたことを作業用スライドにまとめて、必要なものを選別する。

図2　学習過程スプレッドシート

だから、日々の学習の中で、どの学び方がどの学習過程にあてはまるのかを示しながら、その都度、学び方の選択肢を増やしていき、生徒が自律的に探究的な学習の過程を回すことができるように育成していく必要がある。

実際に、その都度得た学習方法を、Google スプレッドシートで共有していくことで、適切な学習方法を選択することができるようになっていった。

支援・環境
16

支援の種類
任せる前に鍛える

小学校５年生

使用ツール

新川颯人

「情報を収集する力」を鍛える

「情報の収集」を子どもに委ねたとき、何をすればよいか分からない児童や、情報を抜き出しても長文になってしまう児童がいた。委ねる前に、何を鍛えればよいのだろうか？「個」と「集団」へのアプローチを行うことで、「情報を収集する力」が身についてきた。

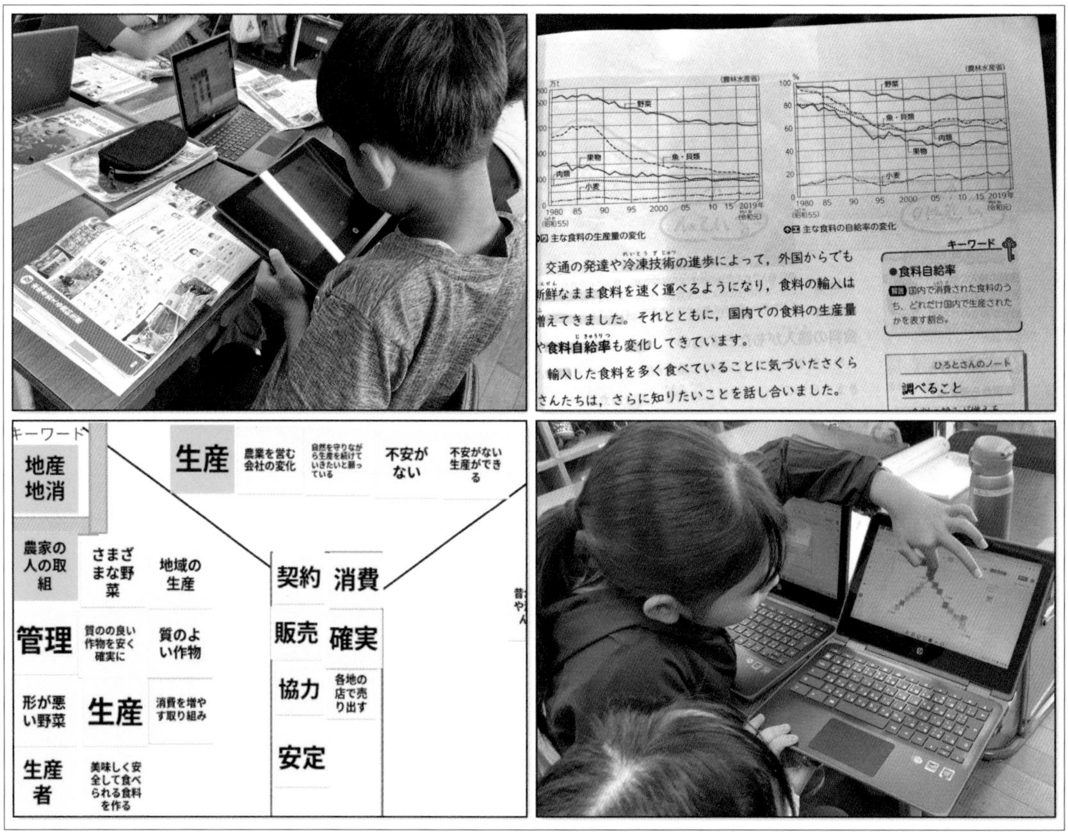

写真右上：教育出版『小学社会⑤』2019年、p.109

個へのアプローチ

①何から情報を収集すればよいか分からない

課題に向かって情報を集める時に、そもそも何から始めればよいのか悩む児童もいる。そこで、「情報収集の木」（図1）と銘打ち、情報を収集する際に使えるツールを掲示した。これは教科横断的に活用できるので、各授業で活用したツールをその都度掲示している。いつでも目に届く場所に掲示することで、悩む児童の支援につながる。

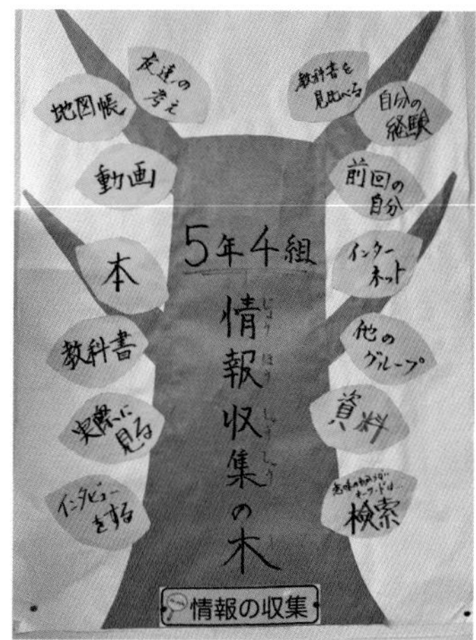

図1　情報収集の木

②何を抜き出せばよいか分からない

この場合は、まずは教科書の読み方から確認する必要がある（図2）。Webサイトから情報の収集をスタートしてしまうと、かなり情報が多いため、抜き出すことへのハードルが高くなってしまう。教科書は情報が絞られているので、読み取ることが容易にできる。

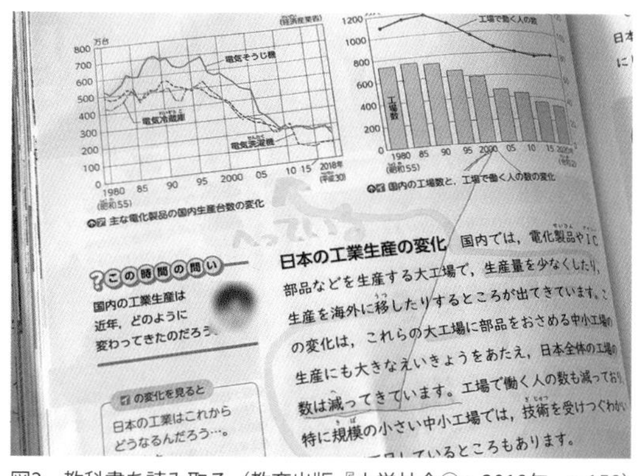
電気冷蔵庫
電気そうじ機
電気洗濯機
主な電化製品の国内生産台数の変化
工場で働く人の数
工場数
国内の工場数と、工場で働く人の数の変化
この時間の問い
国内の工業生産は近年、どのように変わってきたのだろう。
日本の工業生産の変化　国内では、電化製品やIC部品などを生産する大工場で、生産量を少なくしたり、生産を海外に移したりするところが出てきています。これらの大工場に部品をおさめる中小工場の変化は、生産にも大きなえいきょうをあたえ、日本全体の工場の数は減ってきています。工場で働く人の数も減ってお
特に規模の小さい中小工場では、技術を受けつぐわか
日本の工業はこれからどうなるんだろう…。

図2　教科書を読み取る（教育出版『小学社会⑤』2019年、p.158）

③情報を長文で抜き出してしまう

長文で抜き出してしまうと、後に情報を整理する場面で悩む児童が多く見られた。「情報はできるだけ多く！できるだけ短く！」を意識して取り組むよう支援した。また、「2分間で10個の情報を挙げましょう」と条件を与えるだけで、意欲が向上した。

集団へのアプローチ

①グループと個人の活動を使い分ける

Google Jamboardは共同編集ができるよさがある。個人で取り組むことに苦手な児童が多い場合はグループで共同編集を行うことで、より効率よく情報を収集することができる。また、情報収集の仕方を他者から学ぶこともできる。

しかし、いつまでも共同編集に頼ってしまうと個々の力が育たない。そこで、単元の内容に応じてグループで共同編集するか、個人で活動するかを使い分けるとよい。個人で活動するときの悩みを明確にした後に、次の単元でグループにすることで、学び方を学ぶことにつながる。

② Google ChatやGoogleスプレッドシートを活用する

Google Chatは、児童の成果物だけでなく、途中段階の内容も瞬時に共有することができる。情報を収集することに長けている児童のGoogle Jamboardをスクリーンショットして共有することで、悩む児童の支援につながる（図3）。Google Chatの使用が難しい自治体に関してはGoogleスプレッドシートに個々のURLを貼り付けて共有することで、他者の考えをいつでも見ることができる環境を整えることができる。

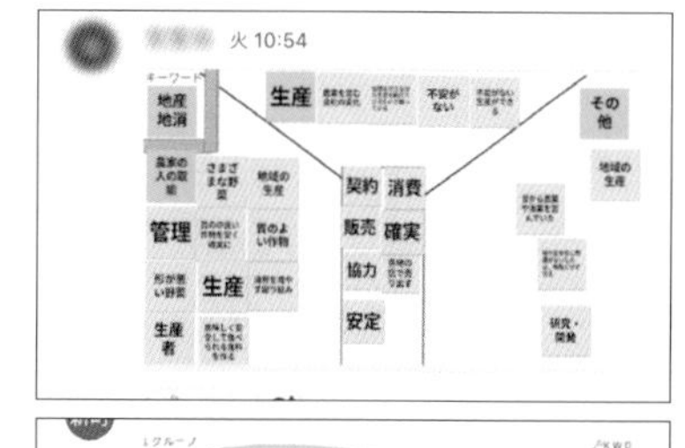

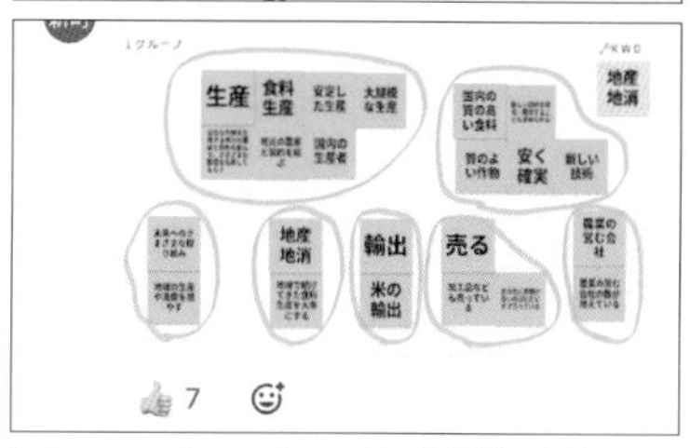

図3　Google Jamboardを積極的に共有

支援・環境

17

支援の種類

任せる前に鍛える

小学校 4~6 年生

使用ツール

棚橋俊介

スキル定着に向けて活用を繰り返す

児童自身で方法や内容を選択し、学習を進めていくために、思考ツールの活用や ICT 操作を繰り返し行った。これらのスキルが身につくことで、児童自身が学習方法を選択していけるようになった。

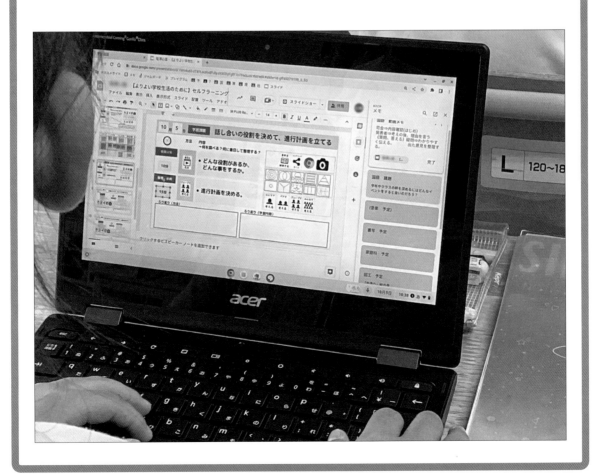

様々な学習方法を体験させる

児童に任せる授業を行うためには、児童が様々な選択肢から自分に合った学習方法を決定し、組み合わせる必要がある。そのために、まずは思考ツールやクラウド機能を用いた学びを繰り返した。

思考ツールを使用する場面では、児童にどのような思考（比較、順位づけ、絞り込みなど）を働かせたいのかたずね、それらに適した思考ツールを紹介することを繰り返した。すると、児童から「ベン図を使って比べて、それぞれの違いを調べよう」「順位づけるならピラミッドチャートを使おう」といった発言が聞かれるようになった。そこで思考ツールの画像を共有し、自身が選択したものをGoogle スライドやGoogle Jamboard の背景に設定できるようにした。

クラウド機能を用いた学びでは、友だちと共同編集を使って考えを出し合ったり、Google Classroom のストリームやコメント機能を使って、思考の過程を共有しながら問題解決したりする活動も行った（図1）。このような経験を繰り返していくことで、児童は誰とつながって、どのような形態で学んでいきたいかを選択するようになっていった。

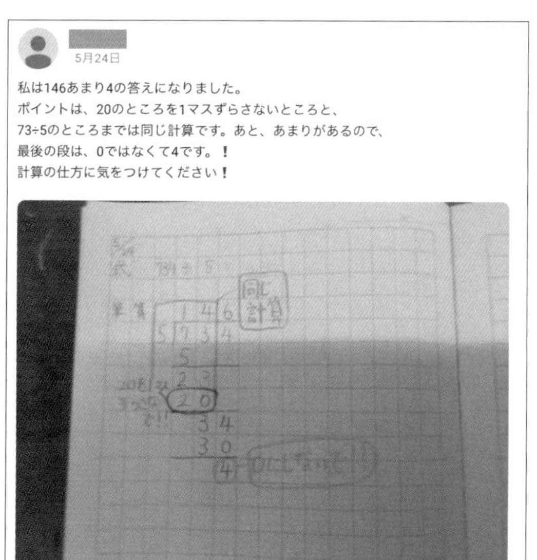

5月24日
私は146あまり4の答えになりました。
ポイントは、20のところを1マスずらさないところと、
73÷5のところまでは同じ計算です。あと、あまりがあるので、
最後の段は、0ではなくて4です。！
計算の仕方に気をつけてください！
IMG_20230524_110557.jpg

図1　考え方を伝え合う投稿

徐々に委ねていく

思考スキルやICT操作スキルが身についてきたら、授業1時間の流れを児童が計画するようにした。児童はどんなこと（内容）をどのように学ぶか（方法）、学習プランシート（図2）に記した。思ったように学習が進まないときは時間を伸ばしたり、別の学習方法に変更したりして、児童自ら学びを自己調整する経験を繰り返した。

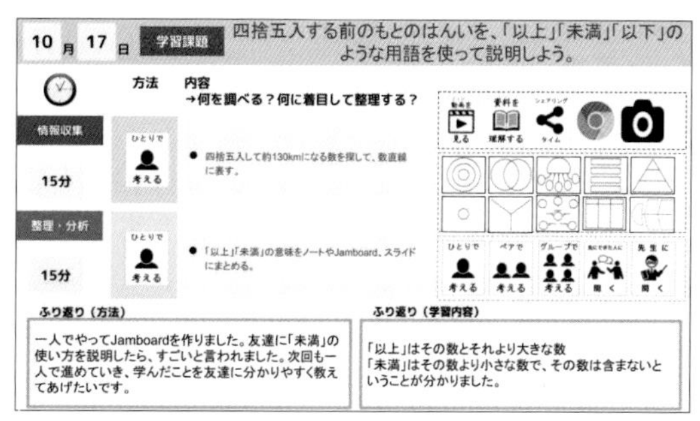

図2　学習プランシート

多様な場面で振り返りの機会を

本校では情報端末を持ち帰り、家庭学習の学びをGoogle スプレッドシート上の「スタディログ」に記録している。このシートでは、児童が学習予定を立て、実際の学習時間と学びの振り返りを毎日記入する（図3）。教師は1人ひとりの学び方を価値付けたり、アドバイスしたりして、児童が個別最適な学びを選択できるように支援している。

家庭学習のふり返り		今日の振り返り
学習の方法（うまくいったか）	学習の内容（分かったか）	
よくできた	よくわかった	漢字はデジタマをやりました。テストでまだやってないところをやりました。テストで100点を取りたいです。
よくできた	よくわかった	計算は割り算の性質のところをやりました。割り算はちょっと苦手なので少しわからないところがありました。
よくできた	よくわかった	今日は漢字のノートをやりました。テストをやってないところなので下に習った漢字を何回か書きました。

図3　児童の振り返り

支援・環境 18

支援の種類

学習シート

小学校 3 年生

使用ツール

滝沢雄太郎

学習シートは、探究的な授業展開において授業序盤は児童が目標を選択、中盤は活動の進捗を確認・共有していく手引きとして使う。終盤は目標を振り返りつつ、学び方を省察する。Google スプレッドシートで振り返りの共有シートを作成し、プルダウンやチェックボックスを使うことで、低学年でも短時間で学びの振り返りができる。

① 児童の名簿番号と名前を記入し、個人の振り返りを全員が共有できる。

② 本時に自分が目指す目標 B、A、S などが共有できる。

③ チェックシートになっているため、児童は自分の学習過程を確認しつつ、進捗状況を教師や他の児童もモニタリングができる。

①　②　③　6 つのこまを整理す

	名前	目ひょう	レベル1 教科書に線を引けた	レベル2 こまの名前を書けた	レベル3 こまの楽しみ方を書けた	レベル4 こまのつくりを書けた
7		A	☑	☑	☑	☑
8		A	☑	☑	☐	☐
9		S	☑	☑	☑	☑
10		B	☑	☑	☑	☐
11		A	☑	☑	☑	☑
12		A	☑	☑	☑	☑
13		A	☑	☑	☑	☑
14		S	☑	☑	☑	☑
15		A	☑	☑	☑	☑
16		A	☑	☑	☑	☑

個の目標・活動・振り返りが一体化した共有シート

るの学習			④	⑤学習全体のふり返り		
レベル5 6つの共通点を書けた	レベル6 遊びたい理由を書けた	レベル7 考えの交流ができた	こまくらべふり返り	[illegible]ブル回転で学習できた	友だちの考えから学んだ	助け合って学習できた
☑	☑	☑	S	◎	◎	◎
☐	☐	☐	B	◎	△	◎
☑	☑	☑	S	◎	◎	◎
☑	☐	☐	B	◎	◎	○
☑	☐	☐	A	◎	○	◎
☑	☐	☐	A	◎	○	○
☑	☑	☐	A	△	◎	○
☑	☑	☑	S	◎	◎	◎
☑	☑	☐	A	◎	△	△
☑	☑	☑	S	◎	○	◎

④ 授業の終末に自分の目標に対しての自己評価をプルダウンで記入できる。

⑤ 文字で記述しなくても学び方の振り返りを短時間で自己評価できる。

支援・環境

19

支援の種類

学習シート

小学校４年生

使用ツール

土田陽介

この学習シートは児童が単元全体の流れを把握し、内容とペースを自己決定できるように設計した。Google スプレッドシートで作成した計画シートはクラス全体に共有されており、児童はお互いの進捗具合や学習内容が容易に閲覧できるようになっている。

① 単元の目標を常に意識できるようにシートの上部には単元のゴールが分かるように示してある。

② 各児童のノートへのリンクが挿入されており、他の児童が他の児童のノートを参照することが可能となっている。

③ 1時間目の時間に学習内容を確認し、2~5時間目に課題とそれに対応した教科書のページを設定する。

		「事故からくらしを守
時間数	７時間	①「事故や事件をへらすために
ノートへのリンク ②		https://jamboard.google.com/d/1fMr7DC5L0KeGmgjR4Jz
		今日の課題
1		学習計画を作ろう！
2		けいさつの人はどんな仕事をしているのだろう
3	③	事故が起きたらどんな対応をするのだろう
4		地いきではどんなとりくみをしているのだろう
5		安全なまちづくりのためにどんな活動があるのだろう
6		意見文を書こう！
7		単元テスト

＋　≡　⑤　① ▾　② ▾　③ ▾　④ ▾　⑤ ▾　⑥ ▾　⑦ ▾　⑧ ▾　⑨ ▾　⑩

単元を通して学習を委ねるための計画シート

る」単元計画シート

単元の目標		
はどうしたらよいか」に着いて意見文を書こう！たあめに		
:JJVVhCTGQcPQfm3Kr9iWgLQA/edit?usp=sharing		
教科書のページ	情報収集／整理・分析	まとめ・表現
	④	
110～111		
112～113		
116～117		
114～115		
119		

⑪ ⑫ ⑬ ⑭ ⑮

④ 学習の進捗具合が分かるよう、プルダウンで「今やっている」「終わった」「ヘルプ」と意思表示ができるようになっている。

⑤ 出席番号で各児童のシートが割り当てられており、相互に学習内容や進捗具合、ノートの様子を確認することができるようになっている。

支援・環境

20

支援の種類

学習シート

小学校 4 年生

使用ツール

伊藤真紀

自分の学び方を自覚できるように、目標、学習活動、振り返りを一覧にした。振り返りを内容と方法に分けることで、学んだ内容と学んだ方法の整理を意識してできるようになる。Google スプレッドシートで振り返りシートを作成し、1 人 1 シートで目標設定時に前時の振り返りが参照しやすく、学び方の改善につなげられるようにした。

① 授業のはじめのルーブリックの選択と目標を設定する。

② 授業中の進度や活動の共有ができる。

③ 授業後のルーブリックを入力する。

④ どのレベルのできたかを自覚するための基準となる。

	① 授業のはじめ				② 授業のとちゅう			③
	日付	目指すルーブリック	今日の行動目標（どんな見方・考え方を働かせて課題を解決するのか・どんな方法でやるのか）	文字数	選んだ問題	終わったよ	これからやろうとしていること	結果ルーブリック
2	2023/02/15	S	今日の見方・考え方は辺・頂点・面の数に着目することです。　今日は分かったことをノートにメモしようと思います。えんぴつくんが見取図を書くときの順序を言っているけどそれにないこと（書くときのポイント）を説明で言えるようにしたいです。	116	きそ問題	○	問題を作る	S
3	2023/02/16	A	今日は、家で作った展開図を組み立ててその展開図をみて問題を解くから面の数や辺の数や頂点の数に着目しながら問題をといていく。わからなかったら教科書を見たり友達に聞いたりQアールコードを読み取ったりして問題を解く。	105	ちょうせん...	○		A
3	2023/02/17	A	今日の見方・考え方は平行・垂直に着目することです。　そのために展開図を使ってどこが平行になるのか、どこが垂直になるのかを説明の時に言えるといいと思います。	77	スペシャル...	○	Eライブラリを...	S
4	2023/02/24	A	今日の見方・考え方は辺の数に着目することです。　そのために昨日の展開図を使って辺のどこが平行・垂直になるのかを伝える。　また、えんぴつくんの言葉「辺HGはどうですか。」の質問にも答えられるようにする（説明の時に言えるようにする）。	115	ちょうせん...	○	問題を作る	S
5	2023/02/27	A	面と辺の関係に着目することです。予習の時に今までと今回の同じところと違うところをかけたからそれを模型とわりばしを使って説明できるようにしたいです。	75	ちょうせん...	○	問題を作る	A
6	2023/02/28	S	見方・考え方は、何が何個分　に着目することです。身の回りから学習が役に立つことを見つけるために説明のときに友達と話し合ったりしてSを取れるようにしたいです。	80	ちょうせん...	○	もっと練習	S
7	2月28日	S	見方・考え方は、何が何個分　に着目することです。昨日は平面だったけど今日は立体の位置だから見つけるのが難しいと思うけど、議論し合いながら「これどうじゃない？」と見つけられるようにしたいです。	96	スペシャル...	○		A

+　≡　直方体と立方体　学び方⑦　1　2　3　4　5　6　7　8

内容と方法で振り返り、学び方を改善する

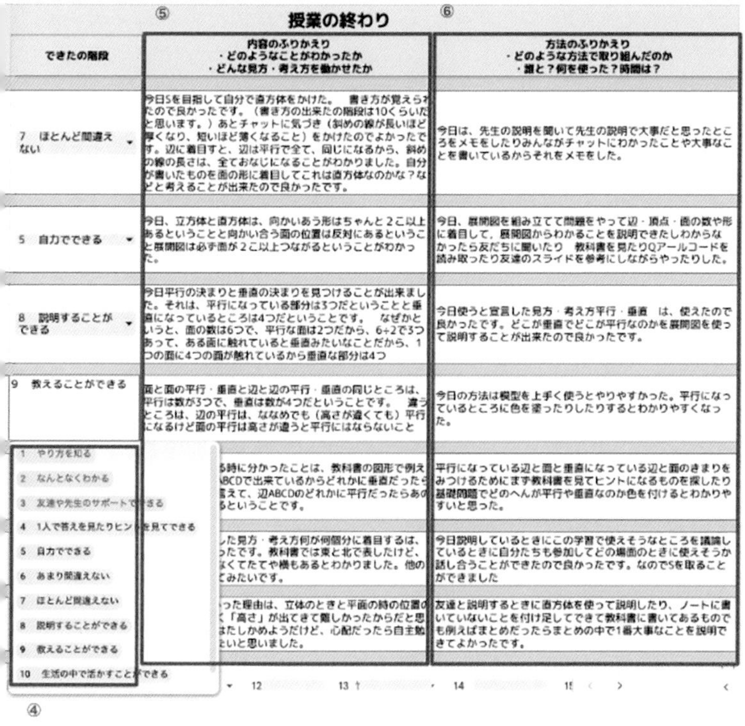

⑤ 授業の終わり ⑥

できたの階段	内容のふりかえり ・どのようなことがわかったか ・どんな見方・考え方を働かせたか	方法のふりかえり ・どのような方法で取り組んだのか ・誰と？何を使った？時間は？
7　ほとんど間違えない	今日Sを目指して自分で直方体をかけた。　書き方が覚えられたので良かったです。（書き方の出来たの階段は10くらいだと思います。）あとチャットに気づき（斜めの線が長いほど厚くなり、短いほど薄くなること）をかけたのでよかったです。辺に着目すと、辺は平行で全て、同じになるから、斜めの線の長さは、全ておなじになることがわかりました。自分が書いたものを面の形に着目してこれは直方体なのかな？などと考えることが出来たので良かったです。	今日は、先生の説明を聞いて先生の説明で大事だと思ったところをメモをしたりみんながチャットにわかったことや大事なことを書いているからそれをメモをした。
5　自力でできる	今日、立方体と直方体は、向かいあう形はちゃんと２こ以上あるということと向かい合う面の位置は反対にあるということと展開図は必ず面が２こ以上つながるということがわかった。	今日、展開図を組み立てて問題をやって辺・頂点・面の数や形に着目して，展開図からわかることを説明できたしわからなかったら友だちに聞いたり　教科書を見たりQアールコードを読み取ったり友達のスライドを参考にしながらやったりした。
8　説明することができる	今日平行の決まりと垂直の決まりを見つけることが出来ました。それは、平行になっている部分は3つだということと垂直になっているところは4つだということです。　なぜかというと、面の数は6つで、平行な面は2つだから、6÷2で3つあって、ある面に触れていると垂直みたいなことだから、1つの面に4つの面が触れているから垂直な部分は4つ	今日使うと宣言した見方・考え方平行・垂直　は、使えたので良かったです。どこが垂直でどこが平行なのかを展開図を使って説明することが出来たので良かったです。
9　教えることができる	面と面の平行・垂直と辺と辺の平行・垂直の同じところは、平行は数が3つで、垂直は数が4つだということです。　違うところは、辺の平行は、ななめでも（高さが違くても）平行になるけど面の平行は高さが違うと平行にはならないこと	今日の方法は模型を上手く使うとやりやすかった。平行になっているところに色を塗ったりしたりするとわかりやすくなった。
	る時に分かったことは、教科書の図形で例え ABCDで出来ているからどれかに垂直だったら 言えて、辺ABCDのどれかに平行だったらあの るということです。	平行になっている辺と面と垂直になっている辺と面のきまりをみつけるためにまず教科書を見てヒントになるものを探したり基礎問題でどのへんが平行や垂直なのか色を付けるとわかりやすいと思った。
	した見方・考え方何が何個分に着目するは、 ったです。教科書では東と北で表したけど、 なくてたてや横もあるとわかりました。他の とみたいです。	今日説明しているときにこの学習で使えそうなところを議論しているときに自分たちも参加してどの場面のときに使えそうか話し合うことができたので良かったです。なのでSを取ることができました
	った理由は、立体のときと平面の時の位置の く「高さ」が出てきて難しかったからだと思 はたしかめようだけど、心配だったら自主勉 たいと思いました。	友達と説明するときに直方体を使って説明したり、ノートに書いていないことを付け足してできて教科書に書いてあるものでも例えばまとめだったらまとめの中で1番大事なことを説明できてよかったです。

1　やり方を知る
2　なんとなくわかる
3　友達や先生のサポートでできる
4　1人で答えを見たりヒントを見てできる
5　自力でできる
6　あまり間違えない
7　ほとんど間違えない
8　説明することができる
9　教えることができる
10　生活の中で活かすことができる

12　13　14　15

④

⑤ どのようなことが分かったのか、どのような見方・考え方を働かせたのか、学習の内容について振り返る。

⑥ どのような方法で取り組んだのか、学習形態や使用した学習材など、学習に対する方法について振り返る。

⑦ シートの切り替えで友だちの学習計画の参照ができる。

今、求められる 教師の学習観のアップデート

三井一希◎山梨大学 教育学部・准教授

学びの捉え方には潮流があり、社会の状況の中で変わり続けてきた。本稿では「行動主義」「認知主義」「構成主義」「社会的構成主義」の４つの考え方について概要を取り上げ、自己選択や自己決定の必要性を述べる。

学びとは何か

個別最適な学び、協働的な学びのどちらにも「学び」という語が入っている。では、「学び」とは何であろうか。難しいことをたくさん覚えること、教師の話を一生懸命聞くこと、試行錯誤し続けることなどさまざまな捉え方がある。

学びの捉え方には潮流があり、社会の状況の中で変わり続けてきた。本稿では「行動主義」「認知主義」「構成主義」「社会的構成主義」の４つの考え方について概要を取り上げ、これから求められる学習観について述べる。

行動主義

行動主義は行動心理学の考え方に基づいた学習観である。同じ刺激を与えることで学習者の学びを促そうとする考え方のことである。パブロフの条件反射のように、刺激に対して反応を繰り返すことで学びを行っていくという考え方に立脚している。かけ算九九、都道府県名など知識を覚える場面で一定の効果を発揮するが、知識偏重に陥りやすいとされる。知識をたくさん詰め込むことが学びだと捉えているのは、この行動主義の考え方に近いといえる。行動主義の立場に立つと、教師が主体となり、児童生徒に知識を与え、教え込むということになる。

行動主義は教師主導や学びを行動の面からしか捉えていないといった批判もあるが、残した功績も大きい。例えばドリル教材やタイピングソフトなどはこの行動主義の考え方が色濃く反映されたものである。

認知主義

認知主義は認知心理学の考え方に基づいた学習観である。認知とは「分かる」ということである。意味も分からずとりあえず覚えるということではなく、意味をきちんと理解することが学びであるという考え方に立脚している。そのためにも、１つひとつの知識を関連付けたり、構造化したりして知識を体系立てていくことが重視される。

認知主義の立場に立つと、知識を関連付けたり、構造化したりするのは学習者であるため、学習の主体は児童生徒であり、教師は伴走者という位置付けとなる。

構成主義

構成主義は認識論や知識論の考え方に基づい

た学習観である。知るということは自分の中に意味を構成することと考える立場をとる。つまり、学びとは学習者自身が自ら知識を構築していくことであり、他者から与えられるものではないとの考え方に立脚している。学習活動に参画することで知識を構築していくため、学習者の主体的な参加は欠かせない。

また、構成主義の考え方では知識は状況に依存していると考えるため、特定の知識を文脈から切り離して、知識のみを学習者に授けることはできないとしている。

社会的構成主義

社会的構成主義は構成主義の考え方を発展させたものであり、学びとはヒト・モノ・コトの相互作用の中で成立する社会的事象であるとの考え方に立脚している。また、主体的に知識を習得しつつ、他者と共有したり協調したりして知識を創造する営みであるとされる。つまり、知識の構成は、社会的な関係性における相互作用によって起こるとする立場をとる。

この社会的構成主義の考え方は、学習者中心の学びを支える基盤的な考え方であり、現在のカリキュラムや教育方法に広く応用されている。

授業デザインで意識すること

ここまで４つの学びの捉え方を見てきた。いずれの考え方もメリットやデメリットがあり、完全に肯定されたり、否定されたりするものではない。ただし、個別最適な学びと協働的な学びを一体的に充実させるには、社会的構成主義の考え方に立つことが重要である。

教師が教え込んだり、ポイントをおさえたりしないと子どもは理解しない、といったことをよく聞く。また、授業の終盤では教師がまとめを書き、本時のポイントを力説している場面をよく目にする。しかし、社会的構成主義の立場に立つと、教師が力説したからといって児童生徒が理解するとは限らず、教師の自己満足に留まっているケースもある。友だちに説明してもらったり、自分でじっくり資料を読んだりしたほうが理解が進む子もいるだろう。だからこそ、教師も相互作用のなかの１つと考え、児童生徒に学習方法を選択させることが大事なのである。

図1は1900年代に見た2000年の未来である。教師が知識を持っていて、その知識を学習者に流し込む機械の発明を想像している。私たちはこの画に描かれていることと似たようなことを児童生徒に行っていないだろうか。児童生徒のためにと、ただひたすらに知識を詰め込むようでは児童生徒の目も虚ろになる。「教師は教えなければならない」といった呪縛からの開放が求められている。

図1　1900年代からみた未来
（出典）France in 2000 year Future school. France,paper card.

自己決定の効果

目標や課題を自分で決めたと感じる度合い（自己決定感）が高いと、課題に対するパフォーマンスも高いことがさまざまな研究から実証されている。目標や課題は常に教師から提供するのではなく、児童生徒が自ら考えて設定するような状況をつくり出すことが教師に求められている。そのために教師の学習観のアップデートが今こそ必要なのである。

段階を追って児童生徒に力をつける

児童生徒に学習方法を考えさせたり、学習の主導権を委ねたりすることが大切だとはいえ、児童生徒はいきなり高度なことはできない。最初は教師がしっかりと教えつつ、少しずつ手を離していくことが必要である。このとき参考になる考え方が「認知的徒弟制」である。

認知的徒弟制とは、師匠が弟子に教える「徒弟制」を応用したもので次の4段階からなる（市川 2018）。

① **モデリング**

教師は児童生徒に身に付けさせたいことを観察させ、必要に応じて教える

② **コーチング**

教師は児童生徒に学んだ技を使わせ、その様子を観察してアドバイスを与える

③ **スキャフォールディング**

児童生徒が自立的にやってみる。実行困難な場合には教師は一時的支援（足場かけ）を行う

④ **フェーディング**

児童生徒の上達に伴って支援（足場）を徐々に取り除く

年度はじめの4月や5月は教師がモデルを示すことが多いだろう。だから教師主導の場面が多くなるのも仕方がない。しかし、夏休み明けにも同じように教師主導の形では児童生徒が自ら学びを進めていくことは難しい。この頃にはコーチングやスキャフォールディングの場面を多く取り入れることを意識することが必要になってくる。

スキャフォールディングの段階では、教師は児童生徒につい足場をかけ過ぎてしまう傾向があるように感じる。児童生徒はすでに自立的に学べるにも関わらず、無用な足場をかけていないかを自己点検してみるとよいだろう。また、足場は外すことを前提にかけているだろうか。つまり、足場をかけたからには外すことを念頭に、児童生徒の様子を見ながら足場を変化させていくことが欠かせない。足場をかけたことで安心するのではなく、足場をかけたからには、教師が責任をもって外すことを意識した取組みを進めたい。

そして、認知的徒弟制は教師だけが意識するのではなく、児童生徒にも教え、「今はモデリングの段階だね」「もうフェーディングの段階だから自分たちで頑張らないと」といった感じで、認知的徒弟制の4段階を児童生徒が意識しながら学習することにもぜひ挑戦してほしい。

〈参考文献〉
・西城卓也（2012）行動主義から構成主義．医学教育，43(4)：290-291
・鈴木克明，渡邊あや（2009）熊本大学公開科目「基盤的教育論」第9回．
https://www.gsis.kumamoto-u.ac.jp/opencourses/pf/3Block/09/09-hajimeni.html
・市川尚（2018）「第15章 実践に役立つ学びにする」．鈴木克明・美馬のゆり編著，「学習設計マニュアル」．北大路書房，京都

個別最適な学びと
協働的な学びを実現する

［授業デザイン］

◎小学校実践

〈1時間の授業で〉……6年生・国語／3年生・算数

〈単元を通じて〉…………6年生・社会／6年生・国語

◎中学校実践

〈1時間の授業で〉……3年生・理科

〈単元を通じて〉…………3年生・保健体育／2年生・社会

事例

01

実践の単位

1時間の授業で

小学校6年生 / 国語

単元・教材名 言葉は時代とともに（教育出版）

辻 瞳

探究的な学習×個別最適な学び

名前		①学習計画		2時間目			
	単元の課題	課題の設定	情報の収集	課題の設定	情報の収集	整理・分析	まとめ・表現
	自分の考えを書くときにわかったことと考えたことをわけて書く。スライドにまとめるときに、見やすくまとめる。万葉集や正岡子規、夏目漱石、芥川龍之介の作品を読んで作品の大まかな意味をしる。自分の考えを書くときに読み手が読みやすいようにかく。言葉が時代の変化とともに変わってきたことについて、進んで調べ、まとめる。	単元の学習の流れを理解して、学習の見通しをもつ。急がずに、ちゃんとやる。	教科書、スライドなどのクロムを使うやつ、友達と交流	３人の文豪の文章の違いについて考える。特徴的な表現を検索する。作者の他に有名な著書をクロム（インターネット）で調べる。活躍した時代などを調べて、比べてみる。	教科書、インターネット（クロム）友達と一緒にやる	よくできた	よくできた
	自分の考えを書くときにわかったことと考えたことをわけて書くことができる。スライドにまとめるときに、見やすくまとめることができる。のAをできるようにする。昔と今の言葉についてしっかり読んだり意味がわかったりする	学習計画をしっかり立て、流れを理解し学習の見通しを持つ。	教科書をまず読み、他にも協力して頑張る。	今日は、友達とクロムなどで交流しながら、３人の文章の違いに気付く。	教科書、クロームブック	よくできた	よくできた
	今と昔の言葉の変化について考え，考えたことをスライドにわかりやすくまとめる。	学習計画を立てて、学習の見通しを持つ。	友達と協力して、教科書で調べて書く。	教科書の作品を音読して.それぞれの違いに気づく。５個以上の気づいたことをスライドに書く。	教科書、クロームブック	よくできた	だいたいできた
	自分の考えを書く時にわかったことと、考えたことをわけて書くことができる	自分のペースで進める。学習計画をたてる	友達と教科書などで調べてやる	友達とクロムブックで三人の文豪について調べ、違いを知る	教科書、友達	よくできた	よくできた
	○　自分の考えを書くときにわかったことと考えたことをわけて書くことができる。 ○　スライドにまとめるときに、見やすくまとめることができる。	単元の学習の流れを理解して、学習の見通しをもつ。	教科書、クロームブック	正岡子規、夏目漱石、芥川龍之介の作品を音読して、それぞれの文章の違いに気づく。	教科書、クロームブック	よくできた	よくできた
	スライドをわかりやすくまとめ、今との言葉の違いについて理解する	今回の単元の課題を確認して、学習の見通しを持つ	教科書・インターネット	３人の作品の違いについて知り、まとめる。	教科書・クロム	よくできた	だいたいできた
	スライドを分かりやすく書いて、友達と交流する	学習の見通しを持って、学習計画を立てる	教科書・友達	３人の文章についてジャムボードに違いを書くことができる	教科書・友達・クロム	よくできた	だいたいできた
	Aに加えて、友達と交流するときにできるだけわかりやすく考えが深めれることができる。スライドにまとめるときに全部映したら書かないで大事だなと思ったところをスライドにまとめる	進めやすくて自分のペースで後々困らない学習課題を立てる	教科書を読む	３人の文豪を詳しく調べどんどん進む	クロムや友達と交流する	よくできた	よくできた

授業のねらい

近代の代表的な文学者の作品にふれて、言語表現を味わおう。

はじめに

個別最適な学びと協働的な学びの一体的な充実を図るために、探究的な学習の過程を意識した授業づくりに取り組んでいる。探究的な学習の過程とは、総合的な学習の時間において、「問題解決的な活動が発展的に繰り返されていく一連の学習活動」と示され、探究における児童の学習の姿を示したものである（図1）。しかし、総合的な学習の時間だけでなく、学びを自分ごととして捉え、その問題解決のために「課題の設定」「情報の収集」「整理・分析」「まとめ・表現」の過程を経て発展的に学んでいくことは、他教科でも大切にすべきことだと考えている。

本実践は、小学校第6学年の国語科において探究的な学習の過程を意識して、児童が学び方や学ぶペースを考えながら計画し、個別最適な学びの実現を目指して取り組んだ国語の導入2時間を紹介する。

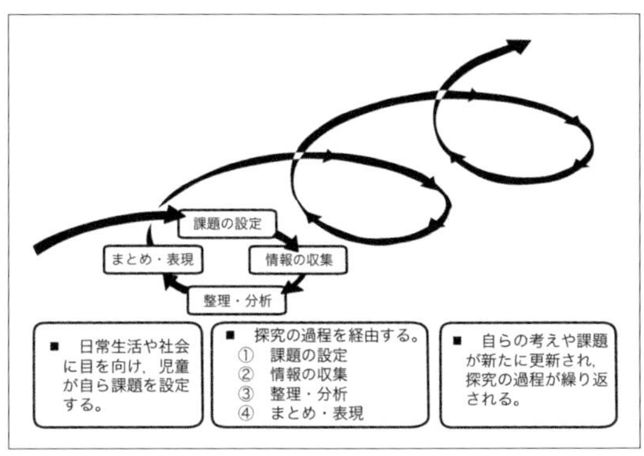

図1　探究的な学習における児童の学習の姿

単元のゴールを見据えた学習計画

単元の導入において、単元の終末に取り組む言語活動のゴールイメージをもたせている。この単元では「言葉の変化について自分の考えを書く」というゴールに向けて、必要な知識や手順を考えさせ、今後どのように学習を進めるか計画を立てさせた。計画を立てるときは、終末場面で書く文章の例文を示し、書かれている内容を分析したり、教科書を参考にしたりするよう指導した。また、ノートの代わりにGoogleスライドを使用して、学習計画や記録を蓄積し、見返せるようにしている。

学習内容と学び方を明示する課題の設定

課題を設定するときは、「何を学び、どのように学ぶか」といった学習内容と学び方について触れるよう指導している。学び方については、1人でじっくり考えることの大切さを伝え、困ったときに必要に応じて友だちと協働したり、友だちがまとめているGoogle Jamboardの画面を見て参考にしたりするなど自分に合った学び方を選択できるようにしている。

本実践の2時間目は、教科書の流れでいくと「近代の代表的な文学者の表現方法や時代背景などを調べることを通して、さまざまな言語表現を学ぶ」という時間である。教科書を参考にして単元の学習計画を立てたことから、設定した課題はほとんどの児童が類似した内容となったが、学び方については「教科書を使って1人で調べる」や「インターネットを使って時代背景を友だちと分担して調べてから個人でまとめる」など、児童によって違いが見られた。

情報の収集と整理・分析の過程を往還する活動

課題の設定を行った後に、3人の文学者の時代背景や特徴的な表現方法について情報を収集したり、文章を比べて気づいたことを書いたりする活動を行った。記録はGoogle Jamboardやノートなど児童が自分でやりやすい方法を選択した（図2）。

3人の文学者を調べるために、1人でじっくり考えたり、友だちと分担したりと子どもによって「どう学ぶか」を選択して取り組んだ。ある児童は、教科書の読み取りが終わったあとに、インターネットで他の作品を調べ、多くの情報を集めてから整理をする。別の児童は、どのように整理すればよいかを悩み、他の子の

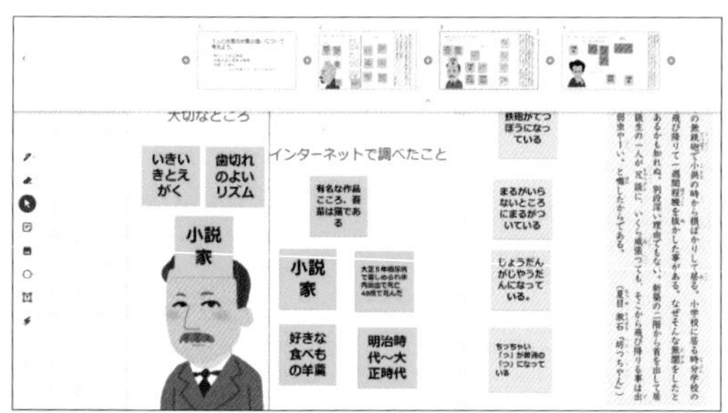

図2　情報の整理（Google Jamboard）

Google Jamboard の画面を見たりして、自分と比べながら足りない情報を集める様子が見られた。足りないものを補い合う大切さを日常的に伝え、児童が自分に合った学習方法を選択し、必要に応じて協働するように指導している。

さらに情報を整理する方法も、それぞれの児童で工夫が見られた。文字の色を変えて分類したり、内容ごとに場所を分けたりするなど、自分の頭の中を整理しながら構造化する様子が見られた。他の人が整理している様子を見やすいように、Google Jamboard のリンクを Google スプレッドシートに貼り付け、見たいときには簡単に見ることができるようにした。

これまでの授業では、困ったときに手が止まり、自分から助けを求められなかった児童もいたが、他の人の画面を参照できる環境を整えてからは、人の良いところを参考にして少しでも自分の学びに生かそうとする姿が見られるようになった。さらに、友だちの Google Jamboard を参照することで、友だちの整理の仕方のよさに気づき、情報を整理・分析する力の育成にもつながっている。

また、端末を活用して整理をするのが苦手な児童は、集めた情報をノートに記録して紙面で情報を整理する場面も見られた。学習者である児童が、何を使って学ぶかを選択することも、個別最適な学びを実現する上で大切なことである（図 3）。児童自身が課題を設定し、何を学ぶかを理解した上で活動をしているため、教師が一斉に指示を出し、全員同じ方法で指導していたときよりも、じっくりと児童の様子を観察したり、個別に支援が必要な児童についたりする時間を生み出すことが可能となった。

図3　自分に合った方法で整理する児童

整理したことをもとに本時の学びをまとめる活動

情報を整理した後に、単元のゴールが「言葉の変化」について書くことであると全体で確認してから、3 人の文学者の作品の違いや現代の文学との違いについて考えたことをまとめる時間を設定した。まとめる活動は、課題にしっかり向き合うため、基本的に 1 人で行うよう指導している。しかし、言語化することが苦手であったり、自分のまとめに自信がもてなかったりする児童のために、学びを蓄積している Google スライドも同様に Google スプレッドシートにリンクを貼って見ることができるようにした。

多くの児童が Google Jamboard に整理した画面の写真（スクリーンキャプチャ）を撮って Google スライドに貼り付け、気づいたことを追記してまとめていた。まとめが終わると他の児童がまとめたスライドを閲覧し、「〇〇さんのまとめ方が分かりやすい」とつぶやく児童、情報の収集や整理する活動の時間に 1 人でじっくり考えていたが、他の児童のスライドを参照したりすることで新しい気づきを得たと思われる児童などの姿が見られた。

クラウドでお互いのまとめた成果物を共有することで、これまで待ち時間となっていた隙間の時間が、児童が学びを深める時間となり、この活動を通して、自分に合った学び方をアップデートすることにもつながった。

自己の学びを振り返り、次の課題つなげる活動

授業の終わりの3分で、本時の学習を振り返る時間を設けている。振り返りは、進度を確認する表やGoogle Jamboardのリンクを貼っているGoogle スプレッドシートに入力できるようにし、なるべく操作が増えないように配慮した。また、振り返りの文章の横に文字数が表示されるようにし、振り返りを詳しく書くと自分の学び方や次への課題が明確になることを児童に伝えた。国語科に限らず、振り返る視点は「分かったことや不思議だと感じたこと（内容）」や「学び方はどうだったか（方法）」についてを書くよう指導している。単元を通して、毎時間振り返りをすることで、自己の学びの変容を単元全体で捉えたり、学びの積み重ねが見えたりして、主体的に学習に取り組む態度の育成につながっているように感じている。

本実践を通して

本実践は、探究的な学習の過程を児童に意識させながら、単元のゴールに向かって自分に合った学び方を選択して学習を進めた。この学習方法を取り入れたことで、子どもたちの意識が、授業は「教えてもらうもの」から「自分たちで解決していくもの」と、変わり始めたように感じている。子どもが自分で学ぶことができるのに教師が教えてしまうと、子どもから学ぶ意欲を奪ってしまうことにつながりかねない。問題を解決する過程を大切にし、学び方や学ぶペースを子どもが決めることで、自分の学習に責任をもつ意識が高まったように感じる。

意見文を書くことに抵抗を感じている児童も、クラウド上で学習の成果物を共有することで、書くことへの抵抗が減少した。その理由を児童に尋ねてみると、次の2点を述べていた。1つ目は、「何を書けばいいか分からないということがなくなった」ことである。「分からなければ友だちに聞くこともできるし、他の人の完成したものを見ることもできるから、何を書けばよいか分かるようになった」と話す児童がいた。クラウドを活用することで安心して学ぶ児童が増えたのだと考える。2つ目は、「情報端末を活用することで、下書きの修正が簡単になったこと」である。「ノートに書く」と限定して指示していたときには、なかなか学習を進められなかった児童が生き生きと学ぶようになった。ノートに書いた方が考えを整理しやすい児童もいれば、情報端末を使って何度も書き直して考えを整理する児童もいる。自分に合った学び方を選択できることが、より学びを深めていくことにつながっている。

クラウドで共有することで1人でじっくり考えて学んだり、友だちと協働しながら学んだりして、それぞれの学習のスタイルやペースで学習することが可能になった。そして、単元のゴールイメージをもたせることや教師が子どもの困り感や進度に合わせて適切に関わるためにも、児童の様子を見取る手立てとしてクラウドを活用することは効果的だと感じた。

クラウドを使うことで生まれる安心感

課題の解決に向けて、何を使ってどのように学ぶかを選択することは、学習のゴールを目指して自分に合った学習方法について考えさせることにつながった。困った時にはGoogle JamboardやGoogleスライドなどのクラウドツールを使って共有することで、友だちの学習の様子を参照できるようになり、個別最適な学びの環境を整えることで、1人では学びづらいと感じている子に周りの子が声をかけ、協働的に学ぶ場面が自然と生まれるようになった。

事例
02

実践の単位
1時間の授業で

小学校3年生 / 算数

単元・教材名 何倍でしょう（啓林館）

若月陸央

全体で習得したスキルをそれぞれが活用・探究する算数

名前	目指すルーブリック	ジャムボードのリンク	2倍の3倍について図を作ることができる	2倍の3倍が何倍になるかわかる	図を使いながら相手に説明することができる	ふりかえり
1	A	https://jamboard.google.	1人でできる	友だち・先生とできる	1人でできる	今日は、○倍の△倍は□倍？が目当てで勉強をしました。最初は黄色のテープが何倍でなんめーとる進んだかはわかんなかったけど、２４mとわかってから今度はどういうこと？となって先生の説明を聞いたらとてもわかりやすくて意味がわかるようになりました。それで、赤のテープが４mだから、き色のテープは何倍で６倍ということがわかりました。式は２×３です。最初は２+３=だから５倍だと思ったけどかけざんで　よく考えてみるとやっぱりちがって６倍でした。ということがわかりました。
2	A	https://jamboard.google.	友だち・先生とできる	1人でできる	1人でできる	きょうのじゅぎょうのさんすうは、 ○倍の△倍は□倍ということをまなびました。けっこうむずかしかったからがんばってべんきょうをたくさんして ○倍の△倍は□倍のテストの点数がいいてんがとれるといいとおもいました
3	B	https://jamboard.google.	1人でできる	1人でできる	1人でできる	今日は算数の授業で何倍について勉強しました。それで分かったことが何倍というのはこの赤の何倍が青、青の何倍が黄色という質問があって黄の答えを見つけることが難しくてわからなかったけど、赤の長さが掛け算で意味が分かって赤が４ｍ４ｍが６こあって２４ｍだから２×３で６つまり６倍になるということがわかりました。でも難しくてわからなかった部分が式の中や答えには黄のながさが２４ｍということを書いてはいけないし答えが６倍にならなければならないのでとてもどういう意味なのかがわからなくて勉強をもっとできるようにしたほうがいいと思いました。とてもジャムボードに書くことが楽しかったです。
4	B	https://jamboard.google.	1人でできる	1人でできる	1人でできる	今日は、何倍の何倍の何倍の勉強をしました。今日の問題は、赤の車と黄の車が出てきました赤の車は４ｍはしって青の車は赤の車の２倍ということが分かりました。黄は青の３倍ということも分かりました。なので赤の車は４ｍでその二倍だから青は８ｍになって黄は青が８ｍの３倍で８×３で２４になりますこれはまだ簡単な方でしたがもう一個問題があってその問題がよくわかりませんでした。その問題は、黄色の車は赤色の車の何倍の長さを走ったのでしょうという問題でした。色々考えたけれどよく分からなくて、先生のヒントを聞いて２４は使わないと行っていたので
5	A	https://jamboard.google.	1人でできる	できない	友だち・先生とできる	今日の算数はくるまが何メートルはしったかをやりました。赤は4m青は8m黄色は24mでしたそれでステップ２のもんだいがむずかかったです。けどぼくは１人ではできなくてもともだちとやればできました。だからひとりではできないことも皆やともだちとかがとてもたいせつなことがわかりました。
13	A		友だち・先生とできる	友だち・先生とできる	友だち・先生とできる	今日の算数はくるまが何メートルはしったかをやりました。赤は4m青は8m黄色は24mでしたそれでステップ２のもんだいがむずかかったです。けどぼくは１人ではできなくてもともだちとやればできました。だからひとりではできないことも皆やともだちとかがとてもたいせつなことがわかりました。

授業のねらい

「○倍の△倍は□倍？」を、図を使ってなるべく分かりやすく相手に説明しよう。

課題の設定（それぞれが目指す方向を決める学習目標）

Google Classroom にその授業ごとに【めあて・ルーブリック・学習過程】を示している。本時のめあては「『○倍の△倍は□倍？』を、図を使ってなるべく分かりやすく相手に説明しよう」。学習目標は Google スプレッドシートを活用して、それぞれの児童が設定したものを共有する。Google スプレッドシート上の学習目標をもとに、それぞれの児童が課題設定をしたり、ルーブリックを活用したりしながら本時の授業に関して、考えている。その中で、どんな方向性をもち学習していくのかの見通しをもつことを目指した。

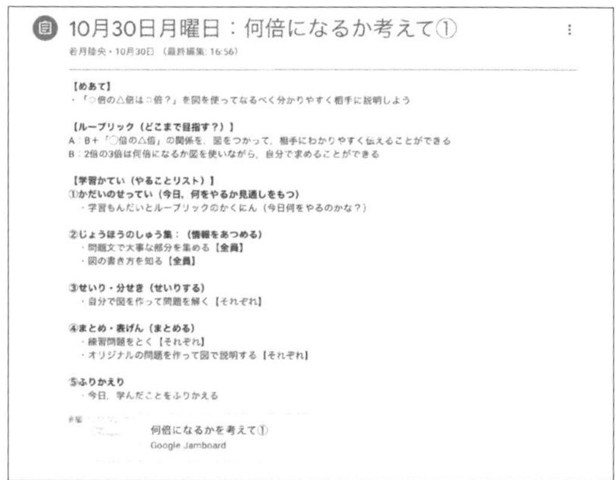

10月30日月曜日：何倍になるか考えて①

【めあて】
・「○倍の△倍は□倍？」を図を使ってなるべく分かりやすく相手に説明しよう

【ルーブリック（どこまで目指す？）】
A：B＋「○倍の△倍」の関係を、図をつかって、相手にわかりやすく伝えることができる
B：2倍の3倍は何倍になるか図を使いながら、自分で求めることができる

【学習かてい（やることリスト）】
①かだいのせってい（今日、何をやるか見通しをもつ）
・学習もんだいとルーブリックのかくにん（今日何をやるのかな？）

②じょうほうのしゅう集：（情報をあつめる）
・問題文で大事な部分を集める【全員】
・図の書き方を知る【全員】

③せいり・分せき（せいりする）
・自分で図を作って問題を解く【それぞれ】

④まとめ・表げん（まとめる）
・練習問題をとく【それぞれ】
・オリジナルの問題を作って図で説明する【それぞれ】

⑤ふりかえり
・今日、学んだことをふりかえる

何倍になるかを考えて①
Google Jamboard

図1　Google Classroom に示された学習の手引き

情報の収集（問題文から情報収集を行う）

本時の学習目標を達成するためには「図を描いて考える」ということがポイントになる。そのため, 基本的な図を書くスキルや見方・考え方を習得する段階として、前半部分は教師による一斉指導によって全員で確認を行った。一斉指導では、以下のステップを子どもたちと考えながら、文章題から図を描き、式を立てて答えを出すまでのステップを子どもたちと学んだ。

1. 問題文を読む
2. 問題文から立式のキーワードや数量の情報を抜き出す
3. 抜き出した情報を組み合わせて立式を行う
4. 立式した式を計算する
5. 問題文で求められている形式で答えを書く

問題文から式を立てる際には、情報の抜き出しは必須となるスキルである。そのため、問題文を読んだ後に、キーワードや数量に関する内容の情報の収集（下線を引くなど）を行った。

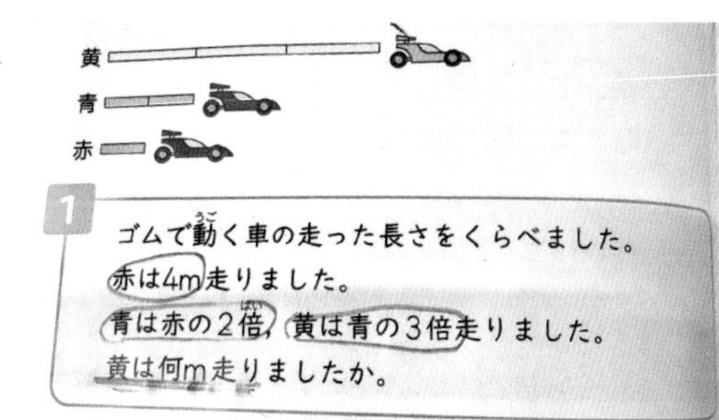

図2　教科書から情報の収集
（出典）啓林館『わくわく 算数3年下』2020年、p.18

整理・分析（基盤となるところは一斉指導で確認し習得し、活用する段階）

何倍という数量関係を図に表すことで、分からない数を求めていく。収集した情報をもとに関係性を整理する力が必要である。数量と倍数の関係をどのように図に表現するかは、全員に求められるスキルである。この段階では、児童に数量関係や倍数の概念をしっかりと理解させることを重視した。

また、この段階では、児童自ら学習進度を調整しながら取り組む。Google Jamboard をクラウドで共有することでいつでも他の児童の様子を見ることができる。また、ヒントのありなし

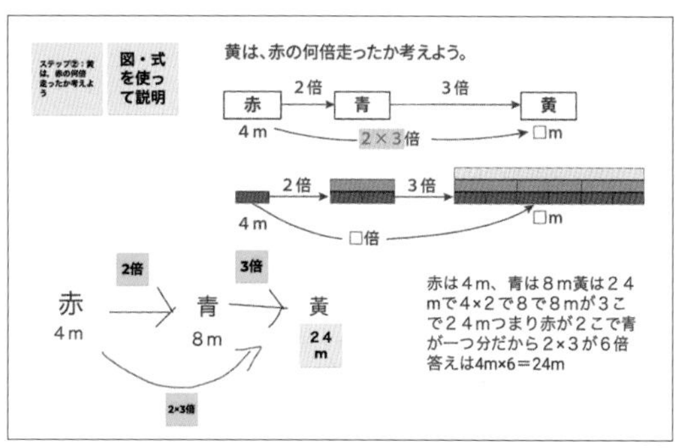

図3　児童が取り組んだ練習問題

の問題を提供することで、それぞれの児童が自分のレベルに合わせて、選択し、解き進めることができるように工夫した。

まとめ・表現（本時の学習の概念やスキルを使って探究する段階）

各児童は一斉指導で学んだ内容を基に、自分のレベルに合わせた問題に取り組み、さらに別の子はオリジナル問題を作成している。

児童たちはGoogle Jamboardを用いて、取り組んでいる問題や、自分で考えたオリジナルの問題をクラウド上で共有している。この過程で、他の児童の問題の解決過程や作成した問題と、自ら作成した問題を比較・検討し意見交換を行うことで、理解を深めていた。

振り返り（何を学んだのか・どこまでできるようになったのか）

本時の授業で学んだ内容について、Googleスプレッドシートを使用して、振り返りを行った。振り返りは日常的に決められた時間で実施している。毎回の授業で3分間の時間を設けている。「何倍」という概念の理解を深めるだけでなく、「図にして数量関係を捉える」という考え方やスキルも身につけることができていることが分かった。また、「今回はすごくむずかしい問題でした。でも友だちに教えてもらったり友だちのを見たりして教えてもらったら解けました。」という記述から分かるように、他の児童と自然と学び合いながら問題解決に取り組むことができていた。

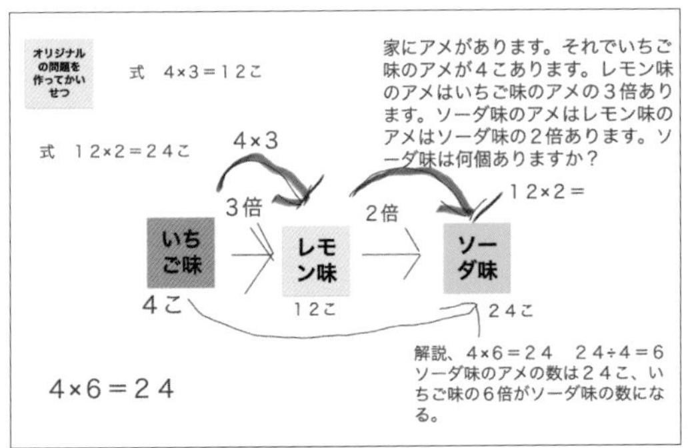

図4　児童が作成したオリジナル問題

1時間を支えた児童のマインド:誰と学ぶか

1時間の授業の中で、児童は「誰と学ぶのか」という選択を行うことが求められた。例えば、課題の設定や教科書からの情報収集を行ったりする場面、基盤となる考え方や解法に関する習得を行う場面では、一斉指導（みんな）で習得を目指した。しかし、練習問題の段階（活用）やオリジナルの問題を作成する段階（探究）では、それぞれの児童が自分のペースで学習を進めるため、自分で誰と学ぶのか選択する必要がある。個人で取り組む児童や、友だちと協働しながら取り組む児童がいた。この段階では、まだ1人で学ぶことや友だち同士で学ぶということに不安意識をもつ児童もいる。そんな児童は、教師と一緒に練習問題を解くための場所を作り、支援を行いながら進めた。必要に応じて

図5　話し合いながら解き進める児童

図6　教師と練習問題を解く児童

他者との関わり合いの中で自らの学びを形成する力を育てることを目指した。

1時間を支えた児童のマインド：相手を意識した学び

授業中、使用するGoogle JamboardやGoogle スプレッドシートはGoogle Classroomで共有を行う。クラウド上で児童の学習の様子が共有され、教師や児童同士がその情報を確認しながら学習することができた。教師から見ると、クラウド上で学習状況が分かることで、児童の個別のニーズに対応した指導や支援が可能となった。児童から見ても、クラウドを活用することで、児童同士がお互いのGoogle Jamboardを見合うこと、それを起点に話し合ったりする姿が見られた。共有された学習状況を通して、情報を共有し、クラウド上や対面で協働しながら学習する機会となった。具体的には、Google Jamboardを参照しながら個人で学習する児童や、他の児童のGoogle Jamboardを見て直接話しかける児童など、多様な方法で学んでいた。また、それぞれの児童によって、参照するタイミングも異なれば、参照する内容も異なっている様子だった。算数を苦手とする児童の中には、練習問題の段階で、他者の解決の過程を見ながら参考にしている児童もいる。また、算数を得意としている児童は、練習問題を行う際には参照したり、話し合ったりしている様子は見受けられなかった。しかし、オリジナルの問題を作成する段階で、どのような観点で問題を作成するのか、どんな言葉を使用するのか等、話し合いながら取り組んでいた。それぞの児童には、問題を解決する中で、1人で簡単に解くことができることと、自分1人ではできないことがある。それぞれの児童が他者の協力を必要とした時に、必要な内容に関して協働を行っている様子が確認できた。

1時間を支えた児童のマインド：どこまで学ぶのかは、人によって違う

学習を進める中で、それぞれの進度は異なる。だからこそ、授業の進度は、人それぞれ異なるということは何度も伝えた。その上で、今日の自分ができる最善を尽くすことが重要であると伝えている。ただ、それは「適当にやればよい」という意味ではなく、児童それぞれが自分の最善を尽くす環境を大切にしている。最初は練習問題の解ける問題数や、教師に説明を求めることに恥じらいを感じる様子も見られた。しかし、子どもたちのマインドが徐々に変容し、本時でも取り組む問題数は児童によって異なっていたが、そのことについて友だちと比較して不平を言ったり恥じらいを感じている様子は見られなかった。

「誰と学ぶのか」を選びながら学習を進める環境

Google Jamboardなどのクラウドツールを使うことで、子どもたちの学びが児童にも教師にも目に見える形になった。それを活かして、本時の学習が自分にとって苦手と感じる児童は教師と一緒に考えながら学ぶ、どんどん進みたい、オリジナル問題を作成する段階まで取り組んだ児童は、誰がどこまで進んだのかを確認しながら、助け合ったり、話し合ったりして学ぶことのできる環境を用意した。

事例

03

実践の単位

単元を通じて

小学校 6 年生 / 社会

単元・教材名　幕府の政治と人々の暮らし（教育出版）

吉田康祐

解決したい課題を設定し探究的に学ぶ

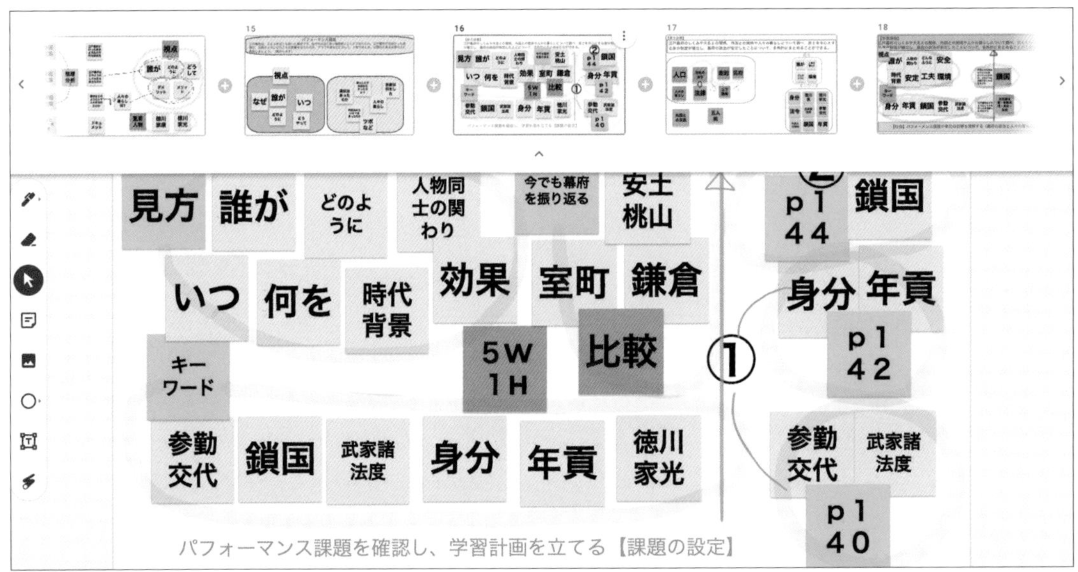

パフォーマンス課題を確認し、学習計画を立てる【課題の設定】

授業のねらい

江戸幕府のしくみや大名との関係、外国との関係や人々の暮らしについて調べ、武士を中心とする身分制度が確立し、幕府の政治が安定したことについて、多角的にまとめることができる。

単元の導入　時代背景の確認

学習を進めていく上で、時代背景を理解することは欠かせない。そこで、NHK for School の「歴史にドキリ」（徳川家康～江戸幕府と大名）の番組冒頭部分を全体試聴した。分かったことを Google Jamboard 上に書き出し、整理することで、児童は様々な疑問を抱き、課題設定につながった。たとえば、「江戸幕府をなぜ長く続けられたのか」「家光はどのようにして安定させたのか」など、様々な疑問が浮かんできた（図 1）。「江戸時代は 260 年近くもあり、これまでの時代よりも長く続いているのは幕府の政策に秘密がありそうだ」という共通の認識をもつことができた。

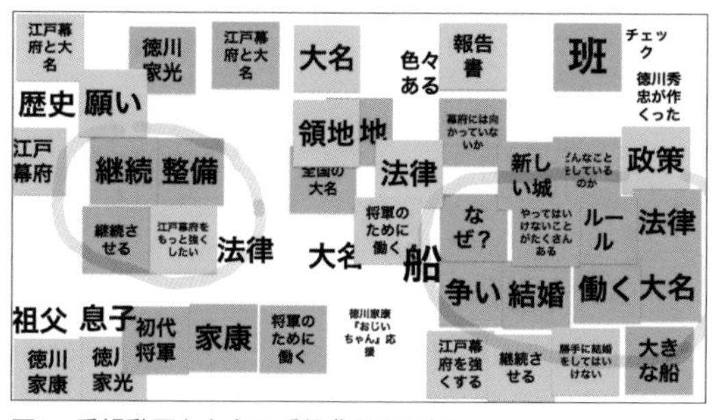

図1　番組動画をもとに番組背景を理解

単元の流れ

「幕府の政治と人々の暮らし」は全 5 時間の単元であった。

第 1 時：単元の学習計画を立てる
第 2~4 時：各自の設定した課題を解決する
第 5 時：パフォーマンス課題を解決する

パフォーマンス課題の設定の際、児童の抱いた疑問と大きなずれのないことは重要な要素である。本単元のパフォーマンス課題は「江戸幕府は、260 年近くも続いた幕府。なぜそれほど長い期間続くことができたのか。江戸幕府が当時行った政策が、当時の人々にどのような影響を与えたのか。その秘密を解き明かし、A41 枚でまとめて現代の読者（お家の人）に発信してほしい」とした。

第1時　課題の設定→学習計画の立案

パフォーマンス課題及び単元目標を確認後に、児童自身で学習計画を立てる時間を設けた。Google Jamboard に個人で解決していきたいこと、疑問に思っていることなどの書き出しを行った上で、分類したり、順序立てたりするなどして、各自で課題を設定した。Google Jamboard は 1 人 1 フレームで作成し、隣のフレームに移動すればいつでも友だちの考えを参照できるようにした。自分で課題を立てることが難しい児童は、友だちのものを参照しながら、課題を書き出した（図 2）。

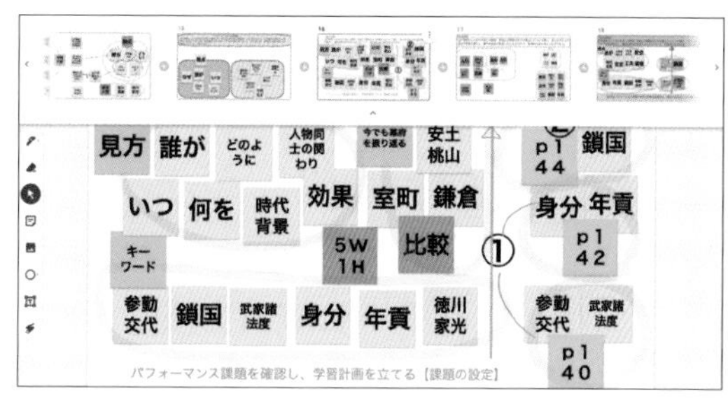

図2　課題の設定の書き出し

その後、解決していきたい課題を立てることができた児童から、Google スプレッドシートのそれぞれのシートに 1 時間ごとの解決していく予定の課題を書き出した。この際に、あくまでも計画であるため、修正していっても構わないことを確認した。児童が立てた課題として「江戸幕府の政策はこれまでの幕府とどのようなところが違うのだろう」「幕府はどのようにして人々を治めたのだろう（人物など）」など多種多様であった。

学習計画を児童自身で立てられるように、課題の立て方や視点のもち方を理解し、経験を積み重ねてきた。そうした学び方や学習計画を立てる力を身につけていったと考える。これまで、課題を立てる際には、5W1H の視点や社会の見

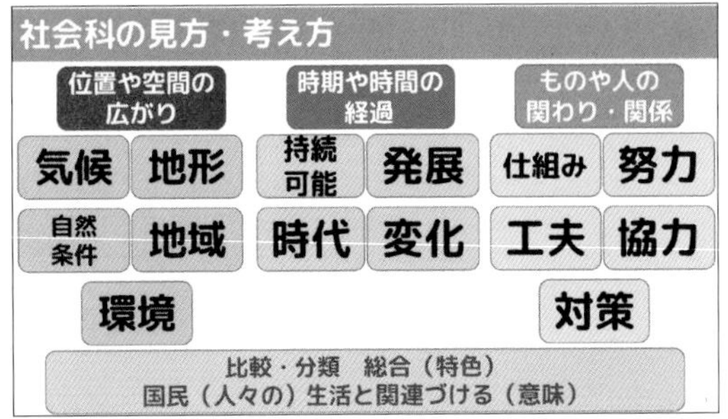

図3　見方・考え方を説明するために児童に示した Google スライド

方・考え方（位置や空間の広がり、時期や時間の経過、ものや人の関わり・関係）、これまでの時代と比較することなどを確認してきた（図3）。児童それぞれが単元目標に迫る計画になっているのか教師が見取り、個別で声をかけるなどの支援を合わせて行った。

第２時～第４時　個人設定した課題解決

第１時で設定した課題を第２時～第４時では、個人またはペア、グループなどで解決をしていく時間とした。授業の流れは以下のような流れを基本とした。

1　学び方についての確認（全体）
2　設定した課題の解決情報収集や整理・分析等
3　アップデートタイム
4　振り返り

<学び方についての確認>

児童自身に学習の主導権を委ねていくためには、学び方の習得は欠かせないと考えた。授業の冒頭の時間に、前時の児童の学習の様子などをもとに、指導の必要な部分を確認する時間を必要に応じて設けることとした。例えば、教科書や動画等をもとに情報の収集はしているものの、整理・分析がされていない実態があったため、整理・分析の必要性について言及するなどした。また学級内でのモデルとなる学び方を示し、目指していきたい方向性を確認し、Google スライドに学び方の蓄積をした（図4）。

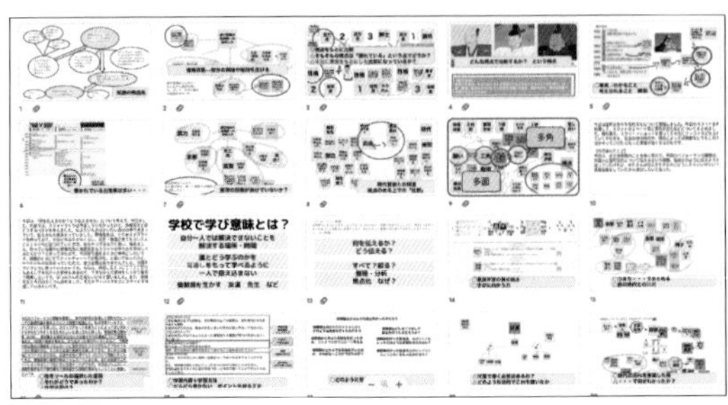

図4　学びの蓄積

<設定した課題の解決、情報収集や整理・分析>

情報を集めていく際には、多くの児童は教科書をもとにした。教科書だけで集められない情報は、資料集や NHK for School 等の動画、検索エンジンを適宜使用した。集めた情報をただ羅列するのではなく、情報同士を関連付けたり、分類したりするなど、児童自身がそれぞれ整理を行った（図5）。児童それぞれの使用したツールは Google スプレッドシートで課題とともに一覧にすることで、いつでも友だちの進捗状況や内容を閲覧することが可能な環境を整えた。学習を進める際の形態は、個人、グループなど多種多様であり、学習形態も児童自身が選択した。

１時間単位では、設定した課題を解決しきれないこともある。単元全体で見たときに、単元目標やパフォーマンス課題、疑問を解決することができているようにすればよいことも確認した。児童によっては、家庭学習でやりきれなかった部分を進めてきたり、次の時間に調整したり

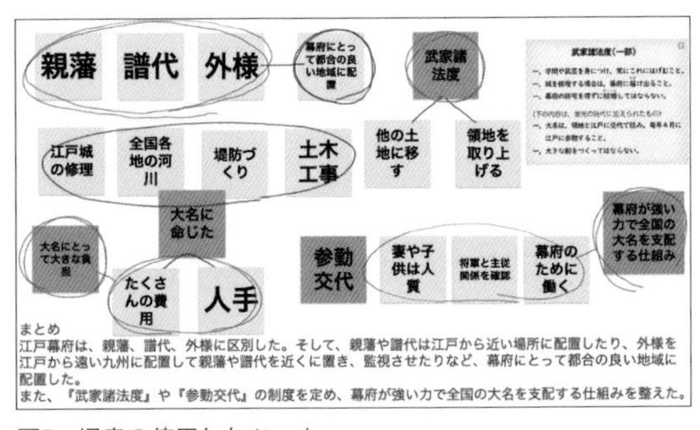

図5　児童の使用したツール

するなど、自分自身で時間や内容などを調整するように促した。

<アップデートタイム>

学習を進めていく中で、友だちと関わらずに1時間を終えることがある。個人で課題を設定し、探究的に学んでいるため仕方のないことである。1時間の学びを「言語化する」時間を位置付けることで、全員がアウトプットする機会を設けた。アウトプットする際には、Googleスプレッドシートで一覧になっている課題を見ながら、交流する際にも目的意識をもつことができるように促した。自分自身の学びをアウトプットするとともに、友だちからの情報を付け加えるなどして、また新たな議論が生まれていた。さらに、この時間により、間違った認識のまま授業が終わることがないように、学習内容の理解を担保することにもつながった（図6）。

図6　アップデートタイムの様子

<振り返り>

自分の計画した学習方法や学習内容がどうだったのか。授業終わりに学習の仕方を振り返ることは次回以降の学習につながる重要な役割を担っている。Google スプレッドシートに児童それぞれのセルに1時間の学びを振り返るとともに、次回の課題を設定した。

第5時　パフォーマンス課題の解決

第5時では、第1時で提示したパフォーマンス課題を解決する時間であった。収集した情報を整理し、自分なりの表現の仕方でまとめを行った。パフォーマンス課題の表現の仕方については、各自が選択できるようにし、Googleスライド、Google ドキュメント、ノートなど、それぞれのまとめやすい方法で成果物を作成した。パフォーマンス課題ということもあり、各自の収集してきた情報を自分の机でまとめる児童が多かった（図7）。

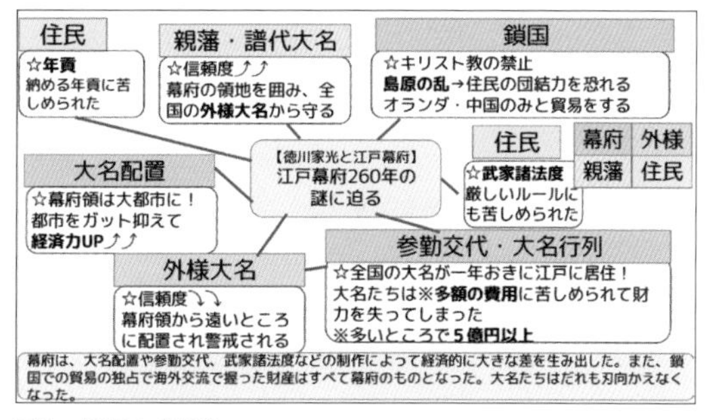

図7　児童の成果物

学び方を委ねる→指導の繰り返し

児童に学びの主導権を委ねていく。そのために学び方の指導は欠かせない。どのように学ぶのかを指導したら、少しずつ学びの主導権を委ねていく。児童の実態を見取りながら、個別での支援を行ったり、時には全体で指導したりと、学び方の獲得ができるようにしていく。良い学びを価値付け、広げていくことが教師の重要な役割である。

事例
04

実践の単位
単元を通じて

小学校６年生 / 国語

単元・教材名　私と本（光村図書）

織田裕二

自分のペースで課題解決

虹いろ図書館のへびおとこ
櫻井とりお
河出書房新社
「へびおとこを見に行こう、ほのかちゃん」
主人公、火村ほのか、六年生
クラスのお姫様、かおり姫に
誘われ、ぼろぼろの図書館に
向かいました。
そこにいたのは体の半分が
緑色の男の人。
読み終わった後には「多様性」
という言葉が浮かぶと思います。
普通の容姿
普通の学校って何？

授業のねらい

自分がこれまでに出会った本の中から、印象に残っている本を選び、その本の魅力を伝えるＰＯＰ広告に表現し、友だちに紹介することを通して、自分にとって本がどのような存在なのかを考えることができる。

単元の地図を児童と作成・共有する

私が担当している教科の学習では、単元に入る際には、児童と単元全体像を俯瞰できるようにしている。具体的に共有している情報は例えば、以下のようなことである。

- ・どのような内容を学習するのか
- ・学習目標は何か
- ・パフォーマンス課題は何か
- ・どのようなルーブリックなのか
- ・単元は何時間で行う予定なのか

こういった情報を児童に明示したり児童と共に考えたりすることで、児童は自分の進捗状況を把握しながら学習を進めることができる。そして、見通しをもちながら、自分の学習のペースを調整できるようになると考えている。逆にどのくらいの時間があるのか、学習を通して何ができるようになるのかがはっきり分からなければ、児童が自分でペースをコントロールすることは難しい。個別最適な学びを実現していくためには、児童にできる限りの情報を開示していくことが必要だと考えている。

本単元では、以下のように学習活動を行った。

1. 学習目標やパフォーマンス課題の確認＋ルーブリック、学習計画の作成＋全体指導「ＰＯＰの特徴について」
2. 全体指導「キャッチコピーはどのような言葉がよさそうか」＋学習計画に沿って、各自で学習を進める
3. 全体指導「本の魅力はどのようにPOPに表現したらよいか」＋学習計画に沿って、各自で学習を進める
4. 全体指導「デザインを考えるうえで、重要なことは何か」＋学習計画に沿って、各自で学習を進める
5. 製作したＰＯＰを見合う＋学習の振り返りを行う

毎時間、児童１人ひとりの学習状況を把握したり児童とのやり取りから出てきた質問などを全体で取り上げたりして、一斉指導を行った。全ての学習を児童に委ねるのではなく、児童の実態を把握しながら、必要に応じて一斉指導を行う。そうすることによって、児童も必要な内容や学び方を身につけ、次の時間や単元でだんだんと自分で学習が進められるようになっていき、教師も委ねられる部分が多くなっていくと考えている。

教科書を用いて課題の設定

まず、単元に入るときの自分と本との関わりを振り返るために、教科書に書かれている質問項目（例：どんなとき、本を読みたくなるか、どんな本が好きか、どこで読むかなど）を児童に問いかけた。児童は自分と本との関わりを振り返りながら、質問項目に対する回答をGoogle Jamboardに書き出していった。Google Jamboardは１人１フレームを使い、いつでも他者のものが参照できる状態にしていた（図1）。

他者のものを参照するときに、項目ごとに比較が行いやすいよう質問項目ごとに付箋の色を指定した（例：どこで読むか＝ピンク色など）。

児童が、自分の本との関わりを振り返ったり友だちの本との関わりと比較したりして、本への関わりへの興味・関心が高まったところで、

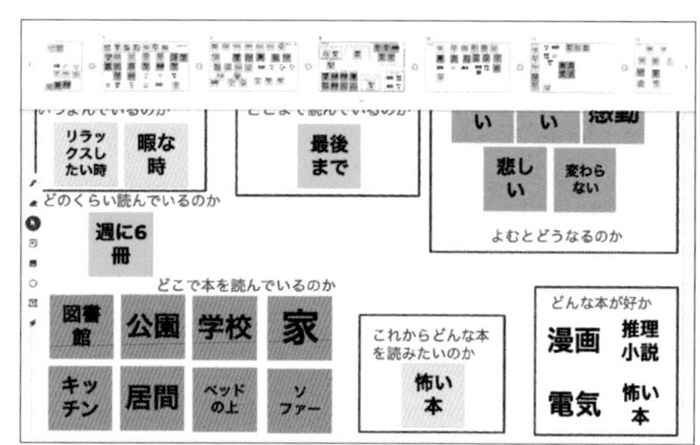

図1　単元導入時の児童の本との関わり

パフォーマンス課題を提示し、本単元の課題を設定した。

パフォーマンス課題を確認し、学習計画を作成

本単元のパフォーマンス課題や重要なキーワードをGoogle スライド（図2）にまとめ、Google Classroom の課題配布機能を用いて児童に共有した。そして、パフォーマンス課題のルーブリックを児童と共に作成をした。本単元での学習目標を教師から説明を行ったため、ルーブリックの作成の際にもその説明をもとに、具体的な評価基準を児童も一緒に考えることができる。

そして、パフォーマンス課題とルーブリックを作成した後に、この課題を解決するためにどのように学習を進めていくのかの学習計画を児童1人ひとりが作成を行った（図3）。学習計画を作成する際には、全体に「どのような過程が必要かな」と問いかけ、必要だと考えられる過程を出し合ったり、教科書に書かれている「学習の進め方」を参照したりする。また、教師だったらどのように学習を進めるのかを例示し、それも参照できるようにした。いくつかの選択肢を例示することによって、児童はだんだんと自分に合った学習の進め方が分かってくる。0からの作成を促すのではなく、幾つかある選択肢の中から選べるようにする支援を行った。

課題の設定　POPを作ることを通して，自分と本との関わりを考えよう

パフォーマンス課題
あなたは，図書館で働く図書館司書です． 同僚に，「なにかおすすめの本はない？同年代の人に，向けたおすすめ本コーナーを作りたいの。」と相談をされ，そのコーナーに置く，ＰＯＰを作ることになりました。自分の中でこれまで読んだ本の中で，印象深い本を１冊選び，魅力が伝わるようなＰＯＰを作りましょう。

単元のキーワード	
魅力	キャッチコピー
POP	自分の変化
デザイン	本との関わり
レイアウト	クライマックス

ルーブリック

	S	A	B
内容面（質）	自分が読んでみて，どんな変化があったのかを書くことができる	本の魅力が詰まっているキャッチコピーを書くことができる	魅力が書いてあるPOPを作ることができる
	S	A	B
伝わりやすさ	目を惹いたり統一感があったりするデザインにできる	イラストや図，写真などを用いて，その本の魅力を伝えることができる	POPを作ることができる

図2　課題やルーブリックのスライド

学習の計画を立てよう

POPとは何かを情報収集する

本の魅力に着目して，本を読み進める＋書き出す

書き出した魅力を整理して，POPに書くことを決める

POPにまとめる

POPの完成

図3　児童が作成した学習計画

POPとはどんなメディアなのか？

POP広告の製作に入る前に、「そもそもPOP広告とはどういったメディアなのか」を確認を行った。全体指導では、辞書で「POP広告」の意味を調べたり、教師が作成したPOP広告を例示したりした。また、児童によってはインターネットでPOP広告とはどういったものなのか、製作する時のコツなどの情報を収集したりしていた（図4）。

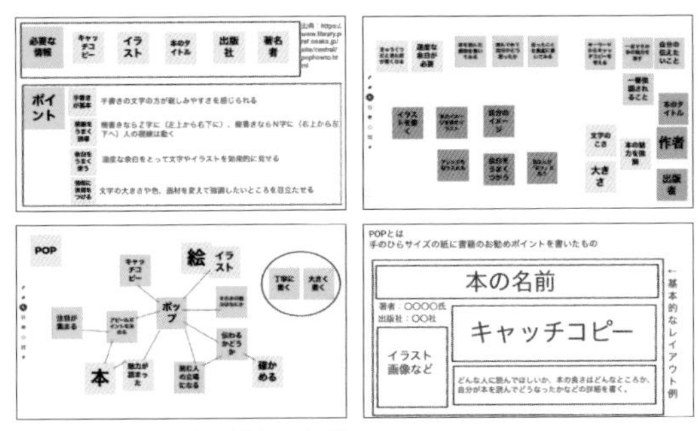

図4　POPに関する情報の収集

このように、POP広告がどのようなメディアなのかを児童が自分で分析する活動を行った。そうすることにより、どのようにPOP広告を製作するのかの具体的なイメージがもてる。また、情報の配置や強調の仕方を学ぶことができ、自分が読み取った情報や考えたことをどのようにレイアウトしたらPOP広告で伝えることができるのかを学ぶことができる。本単元はPOP広告というメディアだったが、新聞やポスター、スピーチ、紹介文などであっても同様の過程を行なうことによって、児童はまとめ・表現のイメージをもつことができるようになっていくと考え、実践している。

学習状況は常に共有+モニタリング

単元の学習が進むにつれて、だんだんと児童1人ひとりのペースや学習の仕方に違いが出てくる。そのため、児童の学習状況が常に把握できるよう、ファイルや学習目標などの児童の学習状況をGoogle スプレッドシートで共有するようにした（図5）。

図5　学習状況を把握するGoogle スプレッドシート

Google スプレッドシートには、マイ資料（Google Jamboard やGoogle スライドなど児童が作成しているファイルのリンク）、本時の学習目標と学習課題、学習の段階などに加え、学習の振り返り（学習した内容と学び方の2つの項目）を記入できるようにした。

授業開始時にマイ資料のリンクを貼り付け、学習目標や学習課題を記入することで、教師は児童1人ひとりの本時目指していることや学習過程をモニタリングすることができ、個別の指導を行いやすくなる。また、児童は学習目標や学習課題が似ている児童との協働がしやすくなったり必要なタイミングで友だちの学習過程を参照することができたりする。これまでは、児童は紙のノートにアウトプットし、それを教師が机間巡視をしながら把握してきた。しかし、児童1人ひとりのペースや学習内容に違いが出てくると、クラウドで共有されていることで学習過程が把握しやすくなる。それだけでなく、児童と児童が互いの学習過程を参照できるようになる。それによって、児童が自分の必要なタイミングで、より多くの情報にアクセスできるようになる。

そういった児童1人ひとりが学習しやすい環境を整えていくことが必要なのではないかと考え、このようなGoogle スプレッドシートを作成した。

学習の基盤となる資質・能力の育成を

児童1人ひとりが自分のペースで学習を進めていくためには、それぞれが学習の見通しをもつこと、課題解決のために必要な資質・能力の育成・発揮していくことが必要不可欠であると考える。例えば、教科書から重要な情報を読み取り、構造化したり関連付けたりすることができなければ、1人ひとりの学習の質は高まりにくい。そのために、必要な情報は児童に開示することや情報活用能力などを段階的に指導していくことが求められる。

事例

05

実践の単位

1時間の授業で

中学校3年生 / 理科

単元・教材名 水溶液に電流を流したときの様子を可視化して表そう

榎本康介

実験のタイミングも生徒が決める自由進度の理科学習

課題の設定	情報の収集	整理・分析	まとめ・表現
・研究チームで単元の計画をする。 ・単元課題に対して電気を通すものと通さないものにはどのような違いがあるか仮説を立てる。	・様々な水溶液に電流を流す実験を行い電解質と非電解質の物質を調べる。 ・塩酸や塩化銅の電気分解の実験を行い、どのような化学変化が起こるかを調べる。 ・原子のつくりやイオンについて調べる。	・電解質と非電解質の物質を分類する。 ・イオンについて調べたことと電気分解の実験から陽極と陰極に発生した物質の特徴について考察する。 ・陽イオンになる物質と陰イオンになる物質を整理する。	・水溶液中のイオンの様子を図にして表す。 ・電解質と非電解質の水溶液中での変化の違いをレポートにまとめる。 ・実験で起こった現象を電離の式で表す。

授業のねらい

単元課題「電気を通す水溶液と通さない水溶液、2つにはどんな違いがあるのだろう」を解決し、目には見えない水溶液中の様子を目に見える形で表して説明することができる。

はじめに

まず、理科の学習で自由進度の授業を行うことを考えた場合に、一番のネックとなるのが実験である。言うまでもなく、実験には安全管理が必須になるからだ。今までの理科の授業のイメージといえば、教師が実験の説明をし、特に危ない点について確認してから、既に用意された実験器具を用いて一斉に実験を行うことが一般的といえるだろう。

しかし、ここではあえて自由進度の授業を行い、単元の中で生徒に実験方法やタイミングを選択させる。そのような授業形態をとることで、実験をしている生徒は各時間に分散し、より教師の目を届かせることができると考える。また、一斉授業の場合に1時間では理解できない生徒が反復して学習できたり、既に知識を身につけている生徒が発展的な学習に取り組んだりできる。生徒は学習のペースを自己調整しながら進められる。

Learning Guideの共有と単元の計画

単元の初めに「単元の目標」「単元の課題」「3観点における評価の仕方」「単元で働かせたい見方・考え方」をGoogle ClassroomやGoogleスライドで生徒と共有している。教師のみが授業の内容を把握して、生徒に与えるのではなく、生徒自身が学び方を選択し、単元の計画を立てるためである。生徒は単元を通して解決したい課題に向けて、生徒自身が毎時間の学習計画を立てて授業に取り組む。そのため、実験を行うタイミングは研究チーム（本単元は4~5人を1つの研究チームとしている）によって違う。

全7時間　教科書p108～123

【単元課題】
食塩水や醤油は電気を通すが砂糖水や純水は電気を通さなかった･･･電気を通す水溶液と通さない水溶液、２つにはどんな違いがあるのだろう？

【単元のゴール(学びの舞台）】
単元課題を解決し目には見えない水溶液中の様子について目に見える形で表して説明する

【単元の評価】
○知識・技能：教科書の内容（**①電気を通す水溶液と通さない水溶液**、**②水溶液に電気を流したときの水溶液中の変化**、**③水溶液中に含まれる電気を帯びた粒子**）について理解している
※理解しているとは質問について答えられる状態です
○思考・判断・表現：水溶液に電流を流したときの様子を考察して、水溶液中で起こる現象を目に見える形で表現している。
○主体的に学習に取り組む態度：単元の見通しをもって学習方法を計画して進め、授業毎に①自分の学び方②自分の考えについて振り返って次につなげている。

【単元の流れ】
1：単元課題を提示する→研究チームで計画を立てる（＋仮説を立てる）
2：**計画に沿って進める**
3：**計画に沿って進める**
4：**計画に沿って進める（終わりの時間に他のチームに向けて中間報告）**
5：**計画に沿って進める**
6：**計画に沿って進める**
7：まとめ、単元課題に対する結論の確認

図1　Google Classroomに載せた「Learning Guide」（一部抜粋）

Googleスプレッドシート上で生徒の課題や振り返りを把握

（1）個別で本時の課題を設定

生徒は1時間の学習の始まりに、①課題の設定②情報の収集③整理・分析④まとめ・表現のどこに重点を置くかを考え、本時で学ぶ行動目標を課題として設定する。その課題は人それぞれ違うものになっている。教科書をベースに学んでいるが、進度や学習順序、学習内容に対する軽重のつけ方などが生徒によって違うからである。単元を計画する中で、実験を行うタイミングは研究チームで揃えているが、基礎知識を情報収集したり、考察をまとめたりする手段は生徒それぞれが選択する。1人1台端末を活用し、生徒はGoogleスプレッドシート上で友だちの課題を把握することができる。似た内容を学ぶ友だちを把握して協働したり、本時の進め方に困った生徒が書き方を学んだりできる。

本時では、教科書から電解質やイオンの情報を収集しようと考えた生徒や、電解質の物質を調べる実験を行う生徒、塩酸の電気分解の実験を計画する生徒などがいた。教師はGoogleスプレッドシートに書き込まれた内容を把握し、全体に声をかけるのではなく、実験を行う予定の生徒、学びが止まっている生徒などに個別に支援する。クラウド上に課題を書き出すことで個々の課題を把握できる。

（2）1時間の振り返り

生徒は授業の終末に本時の学びについての振り返りをGoogleスプレッドシート上で行う。授業中は実験や友だちとの議論に時間を使いたい場合、休み時間や放課後に振り返りをする生徒もいる。これも、自分の学び方を選択してい

①課題設定　②情報収集　③整理分析　④まとめ・表現

	氏名	レポートURL	自分の考え（仮説）		第3時　課題	振り返り（学び方）	振り返り（自分の考え）	家庭学習の内容
▾		化学ス	水溶液に塩分が含まれていると電気が流れたから、食塩と同じ成分が含まれている水溶液は電気が流れる性質があると思った	②③ ▾	前回やった実験の内容をスライドにまとめ、わかったことと、考察をかく。周りの人と確認したり、教科書の内容をまとめたり情報収集をする	実験の結果をスライドにまとめて、わからないところや疑問に思ったところを、積極的に聞きに行ったり先生に聞いたりして解決することができました。その後少しだけ班員と意見を共有することができました。次回はもっと班員と共有できるように時間に余裕をもちたいと思いました。あと情報収集が少ししかできなかったので、これからは家で教科書に大事なところとか書き込んでくるようにし、スムーズに進められるようにしたい！	水溶液に塩と同じ成分が含まれていると電球が流れる。陰極に発生した気体は、プラスの電気を帯びていて、陽極側に発生した気体はマイナスの電気を帯びているということがわかった。そして電解質には、電子が流れているから電流が流れている。このことについてもっと詳しく知りたい！！	今日まとめきれなかった教科書p115の内容をスライドにまとめてくる。あと、次回中間報告の時間なので、たくさん話せるように、家で教科書p116～p117の内容も大事なところを教科書に書き込んだりして軽くまとめてくる
▾		・w・	水溶液には電極が含まれているものと含まれていないものがあり、含まれているものは電気を通し、含まれていないものは電気を通さないと思う	②③ ▾	次に行う実験をよりスムーズに、理解してできるようにするため、教科書p114~p117をスライドにまとめる、実験方法・目的・仮説もまとめておく	次回行う実験の詳細をまとめたり、その実験の周辺のページをスライドにまとめ、次回の実験がスムーズにできるようにした	次回の実験の予想は「陽極と陰極のそれぞれで違う気体が発生する」で、それをもとに考えると、粒子にはそれぞれ＋か－の電気が含まれていると思う	教科書を読み、実験の内容を確かめておく

図2　Google スプレッドシートの抜粋

る姿の１つといえる。このように、いつでも自分の好きな時に振り返りが書けることはクラウドのよさといえるだろう。また、教師もクラウド上に情報があることで、生徒が放課後に家庭で振り返りを書いたにも関わらず、次の授業までに内容を把握できる。これは、紙の振り返りシートにまとめている場合には不可能である。

Chat機能の活用

実験を行う際には事前に「実験の目的」と「実験器具」を Google Chat で送り、教師が許可した上で実験を行う。Google Chat に書き出しておけば、教師はいつ、誰が、どのような実験を行うかを把握できる。また、生徒も与えられて行う実験ではなく、実験道具を自ら選択して実験を行うため間違いが少ない。後から、実験目的を振り返ることもできる。

生徒によっては、放課後に家庭で実験計画を立て、実験について Google Chat を入力する場合もある。本来であれば、授業時間に教師に確認を取り、訂正があればそこで変更し、実験を始めるという手順を踏まなければならない。そのため、実験開始までに時間を要することになる。しかし、前日に Google Chat 上で訂正事項を確認しておけば、授業のスタートと同時に実験を始められる。その時間を、考察の充実に置き換えることができる。

六班　実験内容：電解質(塩酸HCl)を電気分解する。　実験目的：前回の実験で電解質を水に溶かし電気を流すと電気が流れたことがわかった。このことから、電解質は電気が流れることで電気分解され、＋の電気を帯びた物質と－の電気を帯びた物質の２つに分かれると考える。今回の実験での目的は、電解質に電気を流すと、＋の電気を帯びた物質、－の電気を帯びた物質の２つに分かれるのかを調べるため。仮説：電解質を水に溶かし電気を流すと電気分解され、＋の電気を帯びた物質と－の電気を帯びた物質の２つに分かれるのではないか。実験方法：塩酸を電気分解した後、出てきた２つの気体を赤インクで着色した水とマッチにより調べ、どちらの気体がどちらの電気を帯びているのかを調べる。必要な道具：塩酸、赤インクで着色した水(塩酸かどうか調べるため)、マッチ(水素かどうか調べるため)、電気分解装置、シャーレ、スポイト、試験管、試験管立て、電源装置、導線。この実験は次回行うので、準備よろしくお願いします。

目的と仮説が素晴らしいです！
しっかりと予備知識をつけてから実験に臨んでいるのがわかります。
班の全員とこの考えを共有しておいてください。
次回のスタートからやりましょう！

履歴がオンになっています

図3　生徒からの実験方法のGoogle chat

また、本時では生徒同士で Google Chat を活用してやりとりする姿も見られた。実験で記録した動画を送ったり、「どうやって進めてる？」といった気軽なやりとりをしたりといった生徒の自然な活用が見られる。もちろん直接会話をすることも大切であるが、Google Chat に記録されることで、教師生徒も後から内容を確認できる。

実験の様子は動画や画像で記録

研究チームで実験を行う理由の１つが、実験の記録を残すことにある。１人で実験を進めながら同時に動画を撮影することは難しい。このような場合に研究チームで協働すれば、実験の様子を記録に残すことは容易である。本時では実験の様子を動画に撮って記録している。このとき、クラウド上でデータを共有すれば全員の端末で記録する必要はない。データの共有方法は Google Chat で送ったり、共有フォルダに保

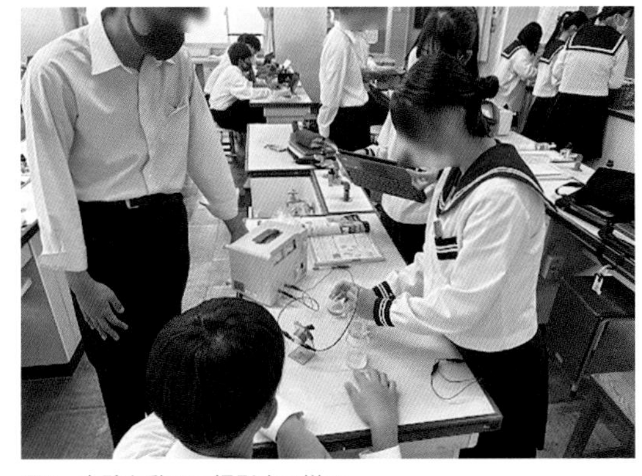

図4　実験を動画で撮影する様子

管したり、共同編集できるGoogle スライドに直接貼り付けたりする方法がある。データを受け取った生徒はGoogle スライドに動画を貼り付けるだけで、いつでも、実験の様子を振り返ることができる。これは紙にレポートをまとめている場合にはできないことだろう。動画の場合、音声も含むことができるため、実験の様子を記録しやすい。細かい現象などを文章で書き表すことが苦手な生徒にとっても有効である。

個別と協働の往還

本時の生徒の動きを観察していると、教室内には個人で情報収集をし、分からないところは友だちや先生に尋ねてまた個人に戻る生徒、研究チームで実験を行い考察は個人でまとめる生徒など、個別の学びと協働の学びを繰り返していることが分かる。その場合、教室内での生徒の学ぶ様子は様々である。

Google スライドにまとめたり教科書を読み込んだりしている生徒もいれば、研究チームで協働して実験を行っている生徒もいる。

図5　生徒が学びを選択し、教室内に個別や協働が生まれる様子

まとめ

生徒は単元の見通しをもっていると、自ら課題を設定し、主体的に学びを進めていくことができる。一斉で授業を行う場合、生徒によって学びの質に差が生まれる。しかし、自由進度の授業では、生徒１人ひとりが自己の課題を設定し、自分に合った学びを設定することで学びに没頭する。各自が取り組んでいる学習内容に違いは生まれるが、学びの質に差は生まれない。生徒が自分自身にとって必要な学習を選択し、学びを調整しながら学習を進めていくことができる。

単元のはじめに同じ課題が設定されていたとしても、生徒１人ひとりの学び方は違う。生徒が個別で学ぶことで、生徒に個別で支援をすることができる。その際に、必須となるのがクラウドの活用である。いつ、どこでも生徒の学びを把握できるので、個に応じた支援を考えやすい。もし、生徒が手元のプリントに考えを書き出している場合、学級全員の学びを把握することは容易ではないだろう。

また、生徒にとっても、生徒同士が互いの学習状況を把握することで、学び方を習得できるメリットがある。自分１人で考えることが苦手な生徒にとって、今までは教師の支援が必要であったり、個別に資料を用意したりする必要があったが、他の生徒の学び方を参考にすることで自然によりよい学び方を得ることができる。生徒同士が参照し合って、よりよい情報を共有することで学びを進めやすくなっている。

単元の見通しを生徒と共有し生徒が計画する

理科の授業では実験・観察が伴う、また、生徒に委ねると学ばない子がいるのではないかという不安もあるかもしれない。しかし、各時間に一斉で授業を進めていくとその進度についていけない生徒や物足りない生徒が生まれる。生徒が主体的になる適切な課題設定であれば、生徒自身が単元の計画を立て、学びの内容や時間を生徒が選択することができる。1時間内で理解できない生徒も、家庭や次の時間を活用して学びを調整できる。

事例

06

実践の単位

単元を通じて

中学校３年生／保健体育

単元・教材名 **球技【ゴール型】**

大島玄聖

「自分で獲得する」が成長の原動力

だいたいの目安の時間	1時間目	2時間目	3時間目	4時間目	5時間目	6時間目	7時間目	8時間目
チームの学習目標	「チームの課題を見つけよう！」	「チームの目標が達成できるように学習計画を立てよう！」	ゴールの下まで走り込めるようにする	技を使いこなせるようにする	技を使いながら空間を作り出す	仲間と連携しながら空間に走り込むようにする	「練習の成果をまとめのゲームで発揮しよう」	「練習の成果をまとめのゲームで発揮しよう」
0-5分	学習の見通しをもつ	学習目標の確認・W-up	準備運動・学習目標の確認	準備運動・学習目標の確認	準備運動・学習目標の確認	準備運動・学習目標の確認	準備運動・学習目標の確認	準備運動・学習目標の確認
5-20分	試しのゲーム	練習方法や戦術を知る	シュートの練習	技を知る	練習試合E	シュート練習	リーグ戦	リーグ戦
20-30分	⇩	学習の計画を立てる	男子との練習	やってみる	反省	技を使いながら２対２		
30-40分	⇩	⇩	⇩	練習試合E	反省を生かしてチーム練習	⇩	⇩	⇩
40-45分	振り返り	振り返り	振り返り	振り返り	振り返り	振り返り	振り返り	振り返り
チームの振り返り		計画を元に課題解決をできるようにする。	マークする相手をしっかりと決めることが大事だと思った。	技をうまく使って、相手をうまく交わすことができたので、次回は、もっとたくさん使って、相手を交わす。	マークをしっかりと付くことができたけれど、パスやシュートの連携をしっかりと身につけていきたいと思った。	パスをもっと出して、相手を揺さぶる。また声掛けをうまく使って生きたい。	身につけた技や、パスを上手く出して、空間を作り出すことができた。	最後のリーグ戦に今まで身につけた技能を活かして取り組むことができた。

チームの目標

ピック&ロールをうまく使って敵をかわす

チームの評価基準（A：これができたら最高）

		結果
S	技をうまく使いながら空間を作り出す	◎
A	ピック&ロールをうまく使って敵をかわす	◎
B	空間を敵に作らせない！！！！	◎

チームの課題に対する自己の課題

名前	ゴールを設定しよう！ A　これができたら最高。 B　これはできるようにしたい。	単元計画	3回目　10月13日（金） ・戦術的気づき ・課題解決に向けて ・作戦や役割　など	4回目　10月18日（水） ・戦術的気づき ・課題解決に向けて ・作戦や役割　など	5回目　10月25日（水） ・戦術的気づき ・課題解決に向けて ・作戦や役割　など	6回目　10月26日（木） ・戦術的気づき ・課題解決に向けて ・作戦や役割　など	7回目　10月27日（金） ・戦術的気づき ・課題解決に向けて ・作戦や役割　など	
	A：敵がいないところにパスを出し、空間に走り込んでパスを貰ってシュートをするB：空間を作り出す		男子と練習試合をして、しっかりとマークされてパスが出しづらかったので、対策をしたいと思いました。	スクリーンを練習した後に、練習試合で活かすことができた。たくさん利用できるようにして、相手をうまく交わしていけるようにしたい。次回は、声を掛け合いながらパスをしていく。	マークしながら相手のパスを防ぐことができた。次回はパスを自分たちでもっと出せるようにしていきたい	声出しをもっとしないとパスが回らないからもっと声を出す。またマークはうまく行っていた。	パスを上手く出して、相手を揺さぶることができた。また、スクリーンなどの技も使い、ゴールに走り抜けることができた	

＋　≡　単元目標・練習メニュー ▾　リーグ結果 ▾　A（青色）▾　Aチェックリスト ▾　B（ピンク）▾　Bチェックリスト ▾　C（オレンジ）▾　Cチェックリスト ▾　D（白）▾　Dチェックリスト ▾　E（黄）▾　E

授業のねらい

自己やチームの課題を発見し、課題解決に向けて取り組み方を工夫するとともに、自己の考えを他者に伝えることができる。

単元をデザインする前に

保健体育において単元目標は、1単元だけでなく、3年間を見通して設定することが大切であると考える。ゴール型の球技の単元では、バスケットボール、ハンドボール、サッカーなど種目は異なっても、「空間」を意識した共通する目標を設定することができる。共通した目標は生徒も意識しやすく、見方・考え方を働かせやすくなる。

生徒が単元計画を立てる

生徒が単元計画を立てると生徒が単元で授業を見るようになっていく。目標を持ち計画を立てると、この段階ではこうなっていたい、そのためには始めはこの課題を解決しなくてはいけないなど、先を見通すようになる。また、それぞれは自分たちの課題に向かって練習するため自分事としてとらえ、より一層主体的に取り組むようになる。

計画の段階で情報収集の時間をとるチームもある。情報収集した技を練習し、ゲームに生かすことで自分たちのものにしていく。このように、時間の活用の仕方によって圧倒的な成長を見せるチームがでてくる（図1）。

しかし、始めからうまくはいかない。3年間を見通した長い目で生徒を育てていくことが重要である。そのため、1年生の1学期には、練習の方法やその意図を教師主導で教える。2学期には単元の2時間程度生徒たちに課題解決の時間を与える。そして、3学期には単元計画を自分たちで立てさせ、試させていく。1回目から成功させなければならないという考えを持たず、単元を通して失敗したことを次の単元に生かすことを促す。そのために重要なのは単元の振り返りである。単元を振り返ることで、「練習試合が多すぎて課題を解決するための時間がなかった」「練習試合をせず、練習ばかりして実際に試す場がなかった」「作戦会議の時間を

図1　生徒が単元計画を立てている様子

入れておけばもっとよい試合ができた」など取り組んでみたからこそ実感できる失敗を見つけることができる。その反省をもとに、次へ、次へと繰り返し自己選択をしていけば、主体的に課題解決をする生徒が育っていく。

Google Classroom には、単元の目標、単元を立てるときの手順、流れを示し、単元計画をクラウド上で共同編集できるように Google スプレッドシート、単元を立てる前に見てほしい Google スライド、練習方法を考える際に手助けとなる参考資料を載せた（図2）。特に単元計画を立てる Google スプレッドシートは、チームで共同編集しながら計画を立てることができるため、人数が多くなる種目でも共通意識をもちながら計画を立てることができる。また、他のチームの計画を見ることもできるため、他の人やチームの良いものを取り入れていくこと

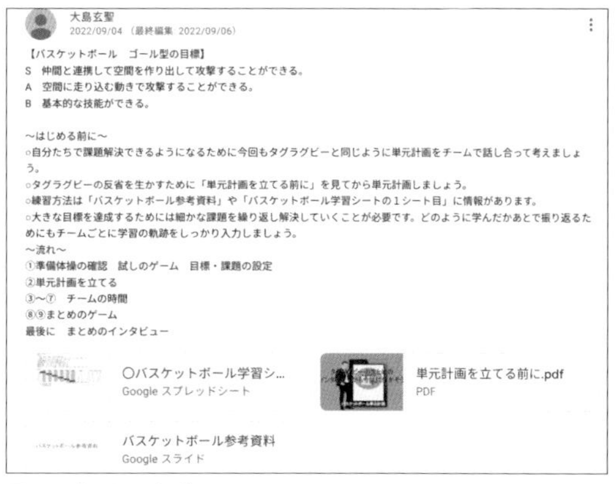

大島玄聖
2022/09/04（最終編集 2022/09/06）
【バスケットボール　ゴール型の目標】
S　仲間と連携して空間を作り出して攻撃することができる。
A　空間に走り込む動きで攻撃することができる。
B　基本的な技能ができる。
～はじめる前に～
○自分たちで課題解決できるようになるために今回もタグラグビーと同じように単元計画をチームで話し合って考えましょう。
○タグラグビーの反省を生かすために「単元計画を立てる前に」を見てから単元計画しましょう。
○練習方法は「バスケットボール参考資料」や「バスケットボール学習シートの1シート目」に情報があります。
○大きな目標を達成するためには細かな課題を繰り返し解決していくことが必要です。どのように学んだかあとで振り返るためにもチームごとに学習の軌跡をしっかり入力しましょう。
～流れ～
①準備体操の確認　試しのゲーム　目標・課題の設定
②単元計画を立てる
③～⑦　チームの時間
⑧⑨まとめのゲーム
最後に　まとめのインタビュー
○バスケットボール学習シ...
Google スプレッドシート
単元計画を立てる前に.pdf
PDF
バスケットボール参考資料
Google スライド

図2　バスケットボールの Google Classroom

ができる。

技能チェックシートで目標設定の手助け

単元計画を立てる前、第１時に試しのゲームをする。試しのゲーム後は、技能チェックシートを使って現在の力を確認する（図３）。技能チェックシートには、ボールを持っているときの攻撃の技能やボールを持っていないときの攻撃の技能、守備の技能などについての項目がある。

項目をチェックしていくと、できる、できないの判断だけでなく、見方・考え方も育てるような仕組みにもなっている。

学　チェックリストを活用してチームの現在の状況を確認し、チームの学習目標やチーム課題を見つけよう。

		チェック内容	はじめ	中	終わり
【攻撃】	1	味方の取りやすい位置にパスを出すことができる。	知って…	考える…	[illegible]
	2	パスを正確にキャッチすることができる。	知って…	考える…	[illegible]
	3	場面に応じてシュート（ジャンプシュート・ドリブルシュート）を打ち分けることができる。	知って…	知って…	[illegible]
	4	オンザボール（ボールを持つ人）時に、適切な判断（ドリブルで進む・味方にパス）ができている。	考える…	考える…	[illegible]
	5	オフザボール（ボールを持たない人）時に、適切な判断（ゴールに向かう・ボールを受けに行く・空間に走り込む）ができている。	考える…	考える…	考える…
	6	個人技能（パス・ドリブルなど）を使って相手をかわすことができる。	知って…	知って…	考える…
	7	味方との連係プレー（パスアンドラン・スクリーン、ピックアンドロールなど）を使って空間を作り出して攻撃できる。	やって…	やって…	考える…
	8	あわてずにピボット・ルック・パスをすることができる。	[illegible]	考える…	考える…
	9	ゴール前の空間に動くことができる。	考える…	考える…	[illegible]
【守備】	1	ゴールとボール保持者を結んだ直線上で守ることができる。（ボールを持っている相手につく時）	[illegible]	[illegible]	知って…
	2	ゴール前の空いている場所をカバーすることができる。	考える…	考える…	[illegible]
	3	ドリブルカット・パスカットなど積極的にボールを取りに行くことができる。	考える…	考える…	
	4	味方と連携しながら、守備をすることができる。	考える…	考える…	考える…
	5	チームで決めた守備を理解しながら守備をすることができる。	[illegible]	知って…	知って…
【その他】	1	ルールを理解して試合ができる。	考える…	[illegible]	[illegible]
	2	試合中、チーム内で積極的に指示やアドバイスなどの声かけができる。	考える…	考える…	考える…

図３　バスケットボールの技能チェックシート

単元計画を立てるための手助け

第２時に単元の計画を立てる。単元計画を立てやすくするために、練習方法の参考情報をいくつか共有しておく。

①計画用の Google スプレッドシートに練習方法とその目的を載せた。

【練習メニュー参考】
W-up・・・
パス練習・・・対面パス、三角形パス→基本的な技能を伸ばしたい
シュート練習・・・セットシュート、ゴール下シュート、ジャンプシュート、レイアップシュート→基本的な技能を伸ばしたい
対人練習（同数）１対１、２対２、３対３→空間を作り出したい、相手をだましたい
対人練習（数的有利）２対１、３対２、４対３→空間を生かしたい
個人技練習・・・ドリブル→１対１のときに相手を抜く技術を身につけたい
戦術練習（攻撃）・・・パスアンドラン、スクリーン、ピックアンドロール→空間を作り出して連携した攻撃がしたい
戦術練習（守備）・・・マンツーマンディフェンスなど→連携した守りがしたい
作戦会議（ミーティング）→チームで共通理解したい、試合に向けて作戦を考えたい、試合の反省をして次回に生かしたい

②バスケットボール部に協力してもらって作った練習方法動画を載せた。

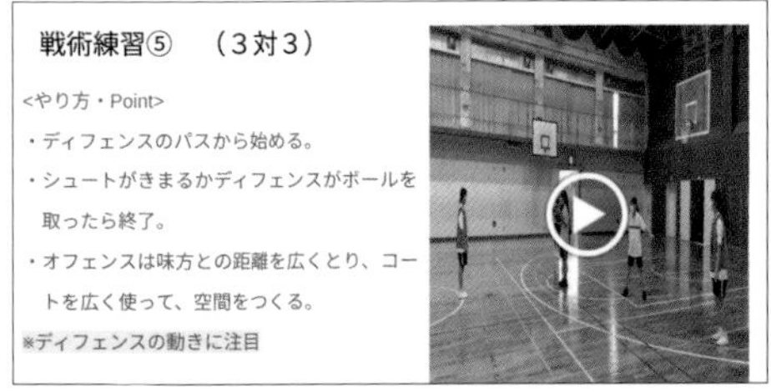

戦術練習⑤　（３対３）
<やり方・Point>
・ディフェンスのパスから始める。
・シュートがきまるかディフェンスがボールを取ったら終了。
・オフェンスは味方との距離を広くとり、コートを広く使って、空間をつくる。
※ディフェンスの動きに注目

③前の単元の生徒の振り返りをまとめたものを示して、有効な計画のポイントを載せた。

タグラグビーの反省から・・・

①練習試合をして課題を改善できたか確かめつつ、新たな課題を見つけることが有効

②練習試合だけしていても成長が少ない

③計画は事前に具体的に立てる

④毎時間の目標もしっかり立てる

⑤状況に合わせて計画は変更していく

その他にも、YouTube や NHK for School などの動画を載せた。また、生徒自ら調べた情報も Google Chat で共有し合うこともした。

生徒が自分たちで進めていく

第３時以降は、生徒が自分たちでチームの計画に沿って練習を進めていく。そのため教師の全体での話が減り、運動量も確保できる。練習が始まると、同じ時間にシュート練習しているチーム、対人練習しているチーム、練習試合しているチーム、作戦会議をしているチーム、情報収集しているチームなど、様々な様子を一度に見ることができる（図４）。これはそれぞれの課題に合った練習をする個別最適な学びになっているといえる。

図4　戦術を考えて練習するチーム

教師はそれぞれのチームの様子を見ながら声をかける。その際は、「この練習は何のための練習ですか ?」と問う。そのとき生徒の中で明確な課題があり、そのための解決に向けた練習

であることが答えられればよい。この声かけをするだけで、生徒は常に意図を持った練習をするようになり、課題解決に向けて主体的に取り組んでいくようになる。

その他にもよいプレーの価値付けを写真や動画で収め、Google Chat に発信することもある（図 5）。これまでは、プレーをとめて行っていたことも、今ではいつでも見られるようにすることで、時間を有効に使い活動時間を確保することもできる。

図5　Google Chat での価値付け

振り返りや単元のまとめなどもチャットで簡単に共有できる。そのため、何を書いたらいいか悩んでいる生徒も、それをヒントに自分なりにアレンジして書くことができるようになる。

単元のまとめに

単元のまとめには、単元の学びを振り返るスライドを作成する（図 6）。答えやすいようにインタビュー形式にしたり、生徒がまとめやすい項目を自分で立てたりして取り組んだ。このまとめによって、改めて自分の成長を確かめたり、課題解決のための学びの方法が良かったかを再検討したりして、次回の単元や他の教科に生かすことができた。

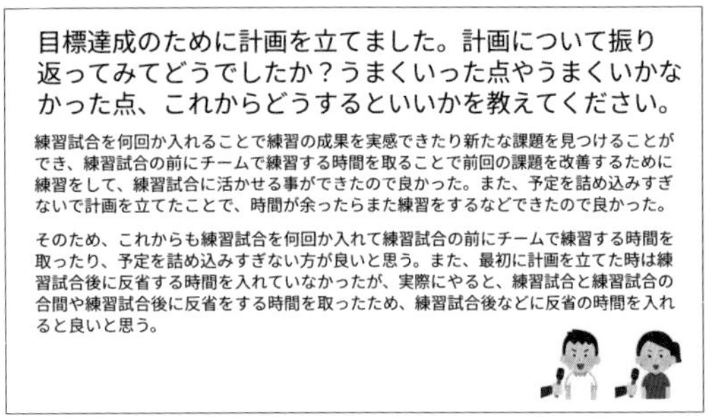

目標達成のために計画を立てました。計画について振り返ってみてどうでしたか？うまくいった点やうまくいかなかった点、これからどうするといいかを教えてください。

練習試合を何回か入れることで練習の成果を実感できたり新たな課題を見つけることができ、練習試合の前にチームで練習する時間を取ることで前回の課題を改善するために練習をして、練習試合に活かせる事ができたので良かった。また、予定を詰め込みすぎないで計画を立てたことで、時間が余ったらまた練習をするなどできたので良かった。

そのため、これからも練習試合を何回か入れて練習試合の前にチームで練習する時間を取ったり、予定を詰め込みすぎない方が良いと思う。また、最初に計画を立てた時は練習試合後に反省する時間を入れていなかったが、実際にやると、練習試合と練習試合の合間や練習試合後に反省をする時間を取ったため、練習試合後などに反省の時間を入れると良いと思う。

図6　生徒のまとめのスライド

特に、課題解決と単元計画について聞くことで、生徒は自身の学習方法について振り返ることができるため、より他の単元につなげることができると感じた。また、この単元に限らず学習方法について有効な方法を自分で獲得することができるようになった生徒が増えた。自分自身で獲得したことは、聞いたことよりもより心に残る。教師が教えすぎず、自分自身で学び、コツを獲得していくことは今後の人生に生きてくる。生徒の感想からも「自分たちで単元計画を立てることで自分たちの課題解決に合った練習をすることができるのでよかった。そして、今後の授業の見通しをもてるのでよいと思う。単元計画を立てる能力は、この時間だけでなく、今後、社会にでてからなどにも活かせると思うのでよいと思った」というように学びのよさを実感できているようであった。

ここがポイント

生徒に任せられるよう育てていく

目標や課題はそれぞれ個人で違う。解決に向けてのプロセスも違う。だからこそ、単元を通して生徒に任せることで個に応じた学びが実現できる。さらにこれは 1 人では解決できないことがほとんどである。そうするとお互いに協力し合い、解決しようとしていくため、協働的な学びも実現できる。しかし、始めから任せるのではなく、任せられるよう課題解決の方法を学ばせ、育てることが重要である。

事例

07

実践の単位

単元を通じて

中学校 2 年生 / 社会

単元・教材名 どうした家康（東京書籍）

矢澤拓真

単元内自由進度学習とICT

授業のねらい

江戸幕府の対外政策と対外関係などを基に、交易の広がりとその影響、統一政権の諸政策の目的などに着目して、江戸幕府成立期の社会の変化の様子を多面的・多角的に考察する。

1　単元の学習問題

江戸幕府は、どのようにして戦のない平和な世の中をつくることができたのだろうか。

2　単元の目標

①幕府の成立と大名統制、身分制と農村の様子、鎖国など、幕府と藩による支配が確立したことを理解している。
②交易の広がりとその影響、幕府の諸政策の目的などに着目して幕府成立期の社会の変化の様子を説明している。
③江戸幕府成立期の日本について、課題を主体的に追究しようとしている。

3　学習の流れ

	学習内容	参考資料		コース			
				パソコン	パソコン	パソコン	プリント
1～6時間	学習問題① 幕府の仕組み作りには、どのような目的があったのだろうか	教P114～115	資P94～95	発展	標準	基本	基本
		読み取り資料①	NHK「江戸幕府のしくみ」「大名配置図」	①－A	①－B	①－C	①－D
	学習問題② 幕府は力をもつものに対して、どのように対応したのだろうか	教P114～115	資P95～97	発展	標準	基本	基本
		読み取り資料②	NHK「大阪の陣」「武家諸法度」「参勤交代」	②－A	②－B	②－C	②－D
	学習問題③ 身分を分けたのには、どのような目的があったのだろうか	教P116～117	資P98～99	発展	標準	基本	基本
		読み取り資料③	NHK「江戸時代の身分制度」「慶安の御触書」	③－A	③－B	③－C	③－D
	学習問題④ 鎖国には、どのような目的があったのだろうか	教P118～123	資P100～103	発展	標準	基本	基本
		読み取り資料④	NHK「戦国時代の交流」「朝鮮通信使」「島原・天草一揆」「キリスト教の禁止と鎖国」「琉球」「出島」「蝦夷地との交流」	④－A	④－B	④－C	④－D
	⑤チェックタイム 学習問題の追究が終わる度に、まとめ用思考ツールで確認			まとめ用 思考ツール ⑤×４回			
	学習問題①～④の終わった人						
	⑥特設の課題 ・徳川家康の生い立ちをまとめよう ・江戸城建設の工夫をまとめよう ・島原・天草一揆について詳しく調べよう	教科書	資料集	特設課題用 スライド ⑥			
		関連ホームページ					
1時間	単元の学習問題についてまとめる ・まとめ用思考ツールの整理 ・考えを友と共有 ・自分の考えをまとめる			まとめ用 思考ツール			

本校では、個別最適で協働的な学びを実現するために、単元内自由進度学習を実践している。その中で、Google Workspace for Education を活用する有効性について紹介していく。

単元の学習問題（課題）設定場面

単元の学習課題（長野県では問題）設定の場面では、教科書に登場する戦の数をグラフ化した図を提示し、他時代との比較から単元の学習問題を設定した（図 1）。

その後、単元の学習問題に対する予想を立てる段階で、Google フォームを使用し、生徒の予想を収集した（図 2）。出された予想を全体で練り上げ「幕府の仕組み」「諸大名や朝廷との関わり」「身分統制」「外国との関わり」に関する 4 つの学習問題が設定された。

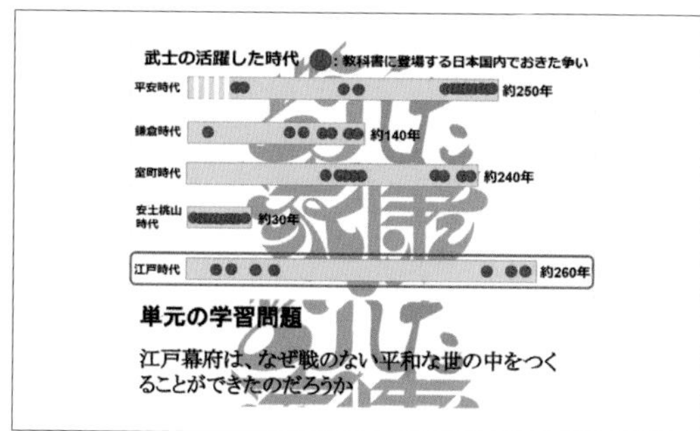

図1　単元の学習問題設定の場面

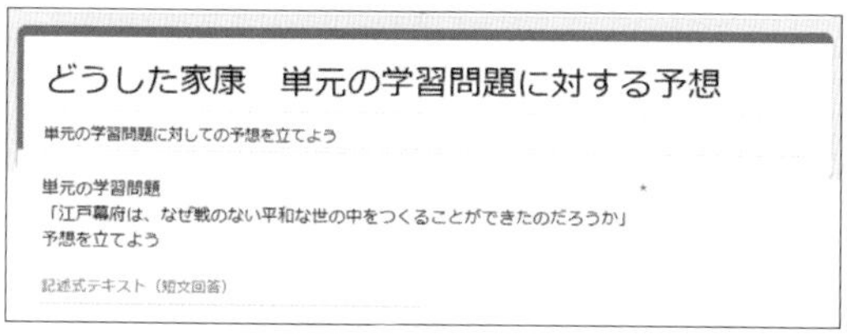

どうした家康　単元の学習問題に対する予想

単元の学習問題に対しての予想を立てよう

単元の学習問題
「江戸幕府は、なぜ戦のない平和な世の中をつくることができたのだろうか」
予想を立てよう

記述式テキスト（短文回答）

図2　Google フォーム で予想を出し合う

学習の計画を立てる場面

単元の見通しをもちながら学習を進めていくために学習の流れを示す手引きを用意した（図 3）。これには、単元の学習問題、単元の目標、学習の流れが細かく書かれている。

生徒は、この手引きを元に、学習計画表（図 4）に学習計画を立てる。計画は、学習内容、学習

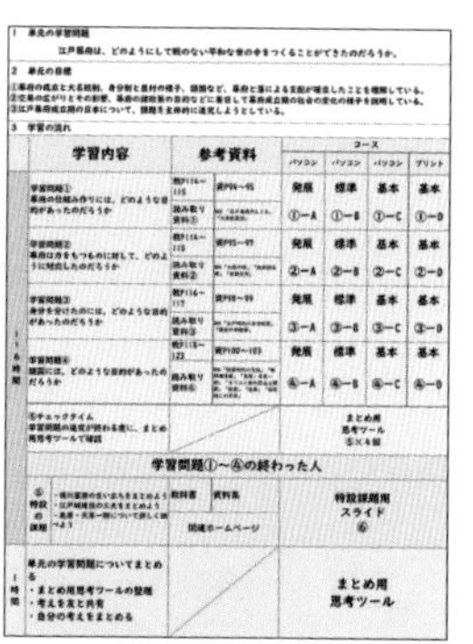

図3　学習の手引き

どうした家康　学習の計画

1　単元の学習問題
江戸幕府は、どのようにして戦のない平和な世の中をつくることができたのだろうか
2　チェックタイム
3　学習の流れ

単元のまとめ　単元のまとめ

図4　学習計画表

時間、学習方法を自分で選択して立てることができる。計画表は Google スプレッドシートで作成し、学習の進み具合に応じていつでも変更できるようにした。

追究場面

(1)　追究シート

追究シートは、生徒自ら自分の力に合った追究方法を選択できるよう、基本（パソコン）・基本（紙）・標準（パソコン）・発展（パソコン）の 4 つのコースを作成した。標準、発展に紙がないのは、Google Jamboard を使って学習する経験を多く積んでおり、事象を比較、関連させながら思考を整理する学習のよさを実感しているからである。

図 5 は、基本コースの追究シートである。このシートは、空欄入りの文章に教科書から語句を抜き出し文章を完成させるものとなっている。Google スライドで作成した。ただ、教科書を写すだけでは学びが深まらないので、制度や仕組みの目的を自分の言葉でまとめる部分も設けた。Google スライドを印刷したものが紙ベースとなる。

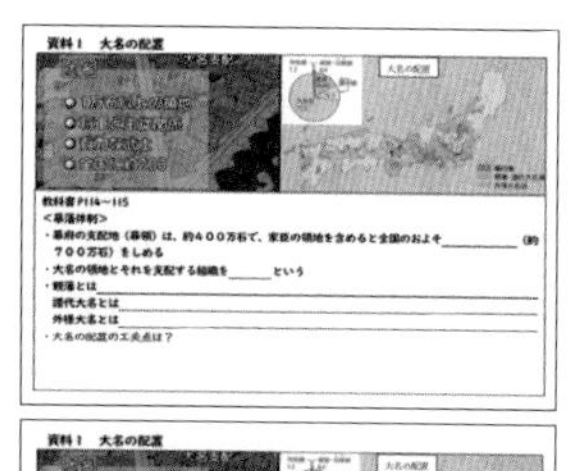

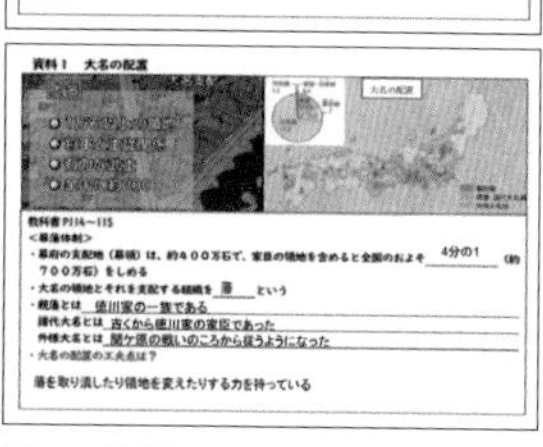

図5　基礎コースの追究シートと生徒の取り組み

図6は、標準コースの追究シートである。このシートは、歴史的な見方・考え方が働くよう、着目させたい視点の入った思考ツールとなっている。Google Jamboardで作成した。付箋を使い、線や矢印、囲みを使って思考を整理できるようになっている。

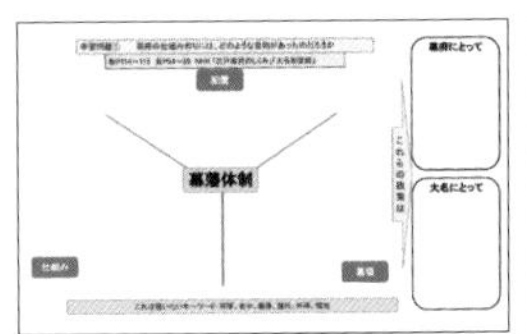
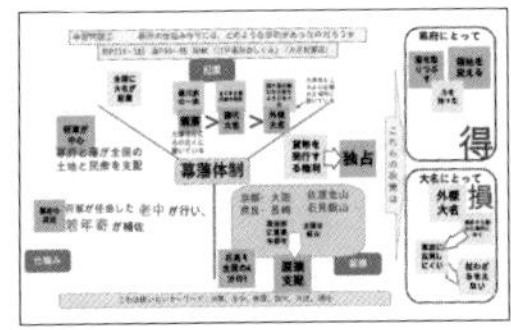

図6　標準コースの追究シートと生徒の読み取り

図7は、発展コースの追究シートである。Google Jamboardで作成した。着目させたい視点や思考ツールを入れず、自由に思考を整理できるようになっている。

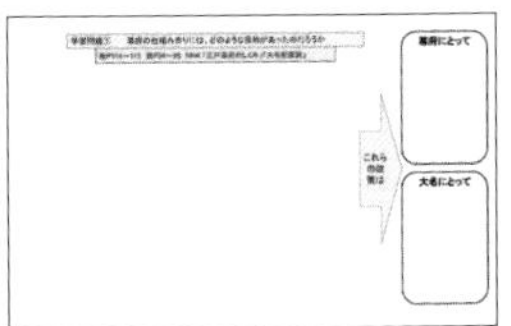
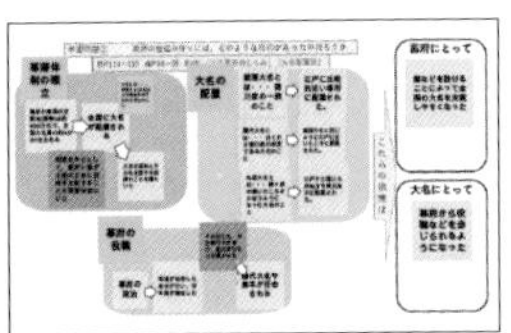

図7　発展コースの追究シートと生徒の取り組み

(2)　資料

課題を解決するための資料は、主に教科書や資料集になる。その他にも、教師が用意した自作資料（図8）やNHK for Schoolなどの動画資料（図9）をアップした。

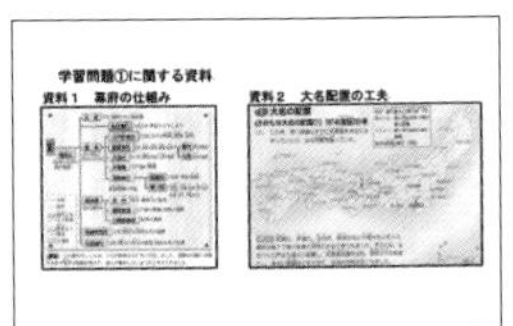

図8　自作資料

図9　動画資料

(3)　特設の課題

学習問題①～④の追究が早く終わった生徒は、特設の課題に取り組む。特設の課題は、生徒が取り組みたくなるような、単元の流れを意識した発展的な課題である（図10）。Googleスライドで作成した。

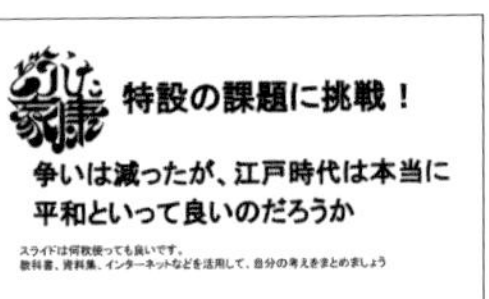

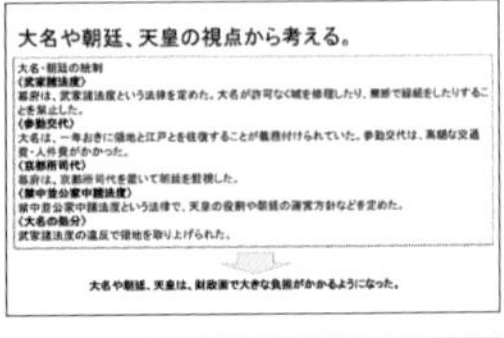

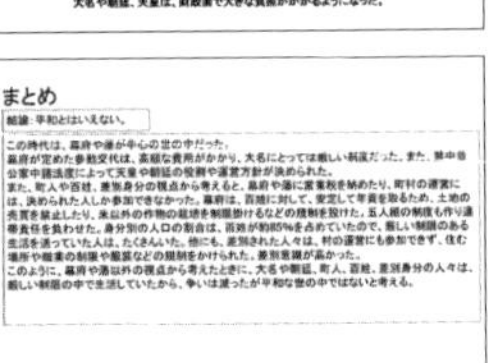

図10　特設の課題と生徒の取り組み

まとめ場面

個々の学習問題で追究した事象を比較、関連させながら、単元の学習問題に迫れるように思考ツールを用意した（図11）。思考ツールに整理したところで、生徒同士どのような考えをもったかを共有する時間を取った。

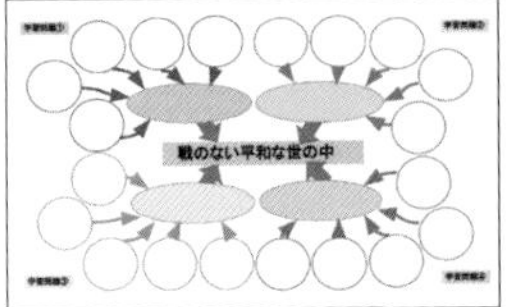

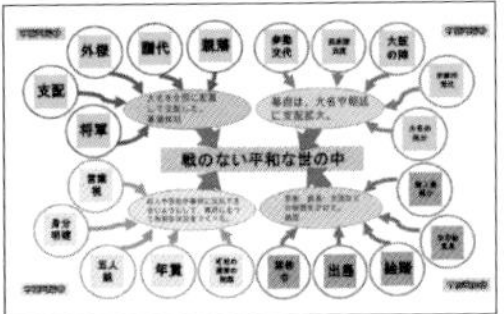

図11　まとめの思考ツールと生徒の取り組み

学習スペースの設定

単元の開始時には、学習をする上で大切にしてほしいことを伝えている。その1つが、教室の使い方だ（図12）。

これにより、学習をするスペースについても生徒に委ねることができる。

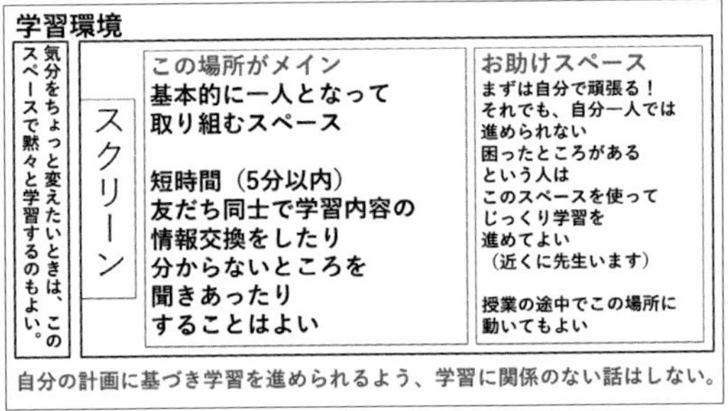

図12　学習スペースの指示

協働的な学びを自然発生させる

本単元で協働的な学びが自然と生まれていた場面があるので紹介したい。

まず１つ目は、Google Chat の利用場面だ。追究場面で、困ったことや確認したいことがあった場合は、Google Chat を使うように指示した。図 13 は実際の様子である。呼びかけに応じた友だち同士で、席を移動して学習に取り組む姿が生まれている（図 14)。

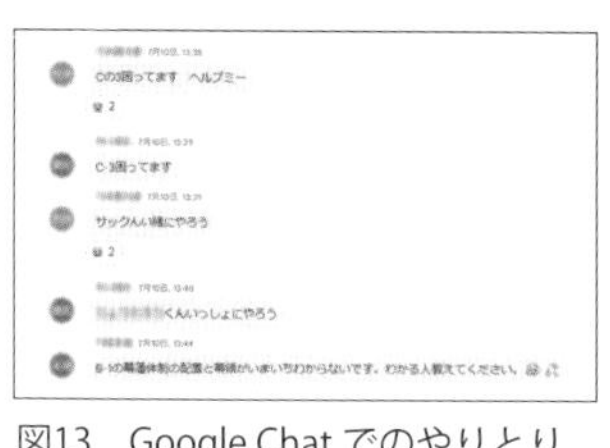

図13　Google Chat でのやりとり

図14　友だちとの追究

２つ目は、Google Jamboard やスライドでの追究シートと Google Classroom への投稿の工夫である。追究シートは複製し、それぞれのページに名簿番号を記入する。課題として投稿する際は「生徒がファイルを編集できる」にしておく。これにより、同じシートで追究をする友だちの様子をクラウド上で参考にしたり、時には追究が終わっている友だちから考え方を聞いたりすることができる。

学びに向かう姿

図 15 は追究に向かう生徒の姿である。そこでは、１人で学習に取り組む、友だちに教わりながら学習を進める、複数人で学習をするなど様々な取り組み方が見られた。教室の外の広い空間を利用して取り組む生徒もいた。このように、取り組む課題が明確で、追究の見通しがもてることで、自分なりの学習方法で学習に向かうことができる。

図15　追究している生徒の様子

終わりに

本校では全教科で単元内自由進度学習に挑戦している。Google Workspace for Education を活用した個別最適な学びの実現に向けた工夫と協働的な学びの実現に向けた工夫は、別物のようで実はつながっていることが分かってきた。今後も実践を重ねていきたい。

選択できる環境を整えることで自走する

自己選択できる場面を多くつくることが個別最適な学びを実現させるポイントだと考える。学習内容、学習時間、学習方法、学習する場所など、自分に合った学び方を選択できる環境を整えておくことで、児童・生徒はより主体的に学びに向かっていくのではないだろうか。そのためにも教師は、児童・生徒１人ひとりの実態を捉え、その子にあった学びが実現できるファシリテーターでありたい。

COLUMN 新しい授業観に関する用語

大久保紀一朗◎京都教育大学教職キャリア高度化センター・講師

個別最適な学びと協働的な学びが一体的に充実した、学習者主体の授業が求められている。そのような新しい授業観に関して、その授業形態や学習活動を指し示すのに、新たな用語が出現してきている。本項では、新しい授業観に関する用語について解説する。

授業展開に関する用語

授業はその主体によって、教師主導か学習者主体に分けることができる。以下で説明する単線型授業は教師主導の授業展開であり、複線型授業は学習者主体の授業展開である。

単線型授業

従来行われてきた、教師主導の一斉指導による授業形態を指す。単線型の授業は「教師の指示で一斉に『インプット』→『端末』『協働』→『発表』といったことが行われる」（高橋 2022）とされており、教師主導の授業展開である。

単線型の授業では、全員が同じ課題に対して、同じタイミングで、同じ方法で学習を進めていく。このように、授業が基本的に「単線」で進んでいく授業展開が「単線型授業」と表現されている。

複線型授業

学習者１人ひとりがそれぞれのペースやタイミングで学習を進める、学習者主体の授業形態を指す。教師によるインプットも見られるが、「学習者が各々に自己の向上を目指して、『問』に正対して学習過程を決定して取り組んでいく」学習が中心となる（高橋 2022）。

学習課題については一斉に提示される場合もあるが、その学習課題にどのような方法で、誰と、どのタイミングで協働して取り組むかなどは学習者に委ねられており、１人ひとりが学習過程を考え、選択し、決定していく。学習過程はそのクラスの子どもの人数分存在することとなり、それぞれのペースで進んでいくこととなる。このように、学習過程が「複線」となる授業展開のことを「複線型授業」と表現されている。

授業の複線化

授業が複線型に移行していくことを指す。単線型授業、複線型授業のいずれについても、1時間単位の授業を指すのではなく、授業における場面を表現するものであるので、実際の授業では単線型と複線型が混在することが多くなる。

複線化は単線型の授業展開の場面が少なく

なっていき、複線型の授業展開の場面が増えていき、授業の中心となっていくことが「授業の複線化」と表現されている。

クラウドを活用した学習活動に関する用語

クラウド環境においては、データはクラウド上で共有され、複数のユーザーが同時にアクセスすることができる。そのため、例えば他者が文書を作成している過程を、リアルタイムで参照することや、同時に編集することが可能となった。以下に解説する用語は、そのようなクラウド環境を活用した学習活動に関する用語である。

他者参照

他者のクラウド上のデータを参照することや、参照して学習を進めることを指す。これまでもノートを見せ合う、参照するという学習活動はあった。しかし、他者のノートを参照する際には、ノートの持ち主は学習を中断して、相手にノートを見せる必要があり、それぞれが必要なタイミングで自由に参照すること難しかった。

クラウド環境においては、あらかじめデータのクラウド上の場所（URL）が共有されていれば、他者のデータを参照することが可能である。その際、参照する子どもは自席から、自分が参照したい相手のデータを参照することが可能であるし、参照される子どもが学習を中断する必要もない。クラウド環境を活用することで、他者の学習の状況を参照することが容易になった。

途中参照

学習の途中段階のクラウドデータを参照することや、参照して学習を進めることを指す。これまでは、学習の結果を参照することが多かったが、クラウド環境を活用することで、学習の「途中」を参照することが可能になった。

結果を参照しただけでは、どのような思考や学習方法で、結果にたどり着いたかは読み取ることは難しかった。途中参照をすることにより、他者がどのような思考の過程や学習方法で学習を進めているのかを参照しやすくなり、参照した子どもが参照したことを手がかりに学習を進めやすくなった。

白紙共有

上記のような参照して学習することを可能にするため、何も入力していない白紙の状態のデータのクラウド上の場所（URL）を共有すること。

あらかじめ白紙の段階で共有しておくことで、1人ひとりの子どもが参照したいと考えたタイミングで、参照したい相手のデータを参照することが可能になる。

学習環境に関する用語

学習の手びき

学習のてびきとは、子どもに分かりやすい形で「単元のねらい」「学習内容」「順序」「単元の総時間数」「資料および参考書の紹介」などが書かれているものであり、子どもたちが自学自習を進める際に道しるべとなるもの（望月 1992）である。

これまでの学習の手びきは紙に印刷され、配布されることが多かったが、クラウド環境が整備されたことにより、Google Classroom 等でこれまでよりも簡単に学習の手びきが共有できるようになった。そのため、単元にとどまらず、

1時間単位の学習の手びきも作成、共有できるようになり、学習者主体の授業の重要な学習環境の1つとなっている。

〈参考文献〉

・高橋純（2022）1人1台端末を活用した高次な資質・能力の育成のための授業に関する検討.日本教育工学会研究報告集,22-4:82-89
・望月桂二（1992）「学習の手びき」.加藤幸次,高浦勝義 監修,「個性化教育 実践ハンドブック」.pp.72-73

個別最適な学びと
協働的な学びの実践を支える

[教師への支援]

◎学校管理職による支援
（保護者への説明・体験）

◎都道府県指導主事による支援
（ビジョン＝県／主体＝学校）

◎市町村指導主事による支援
（クラウドで「いつも・いつでも」）

◎市町村指導主事による支援
（「学習観」を変える研修）

◎教務主任による支援
（教務主任が担う３つの役割）

◎研究主任・研修主任による支援
（全部クラウド！）

◎Q&A　みなさんの疑問にお答えします

教師への支援

01 保護者への説明・体験

仲渡隆真●教頭

教育現場は端末導入によって変わりつつあり、一斉授業等の従来からの形の学びを経験してきた保護者にとって、この変化を想像するのは難しい。そこで、保護者向けに端末を活用した新しい授業形態を体験してもらい理解を深めるための一歩としたい。

情報端末の導入によって、児童・生徒の学びの様相は、益々多様でフレキシブルなものに変わりつつある。具体的には、個別最適な学びが可能となり、自分のペースで学習を進めたり、情報へのアクセスが広がったり、世界中のデータに簡単に触れたりすることがよりできるようになってきた。しかし、それぞれの児童・生徒の保護者は、情報端末での学習の仕方や変わりつつある授業・学校生活を想像することは難しく、逆に不安を感じている保護者も少なからず存在する。そうした課題にも、学校公開（授業参観）・学校や学級通信等で折に触れて発信はしてきた学校も沢山あると思う。学校公開（授業参観）を例に取ると、クラウドで児童・生徒が学んでいる以上、その中身や活動は外から見ている保護者にはほとんど伝わらない。保護者目線で言えば情報端末を使わない授業の方が見ごたえがあり、何をしているのかが参観者にも分かりやすい。そこで、情報端末を活用した授業を受けたことのない保護者に向けて「児童・生徒の学び方を体験してもらうセミナー」を開催し、保護者と学校でめざす学びの姿を共有することをお勧めしたい。ここからは、本校で実際に取り組んだ例を元に紹介をしていく。セミナー構成は、小学校だとそれぞれの発達段階があるので、1~3 年生編と 4~5 年生編に分けて年間で 2 回開催した。中学校であれば各学年に 1 回ずつの 3 回でもよいし、入口と出口の 1 年と 3 年でもよいかもしれない。(回数ではなく、各学校の意図や目的に合わせた方が保護者にも伝わりやすい)。

社会の変化と紐づけて学校の変化を伝える

学校の授業が変化しつつあるその背景を丁寧に伝えることが大切である。そして「社会が求める人材の変化」や「高等教育や義務教育の動向」と関連付けて情報端末を活用した学びの必要性を、それぞれの児童・生徒の現状に合わせて話をしていくことが大切だ。まずは、各学校の児童・生徒がどれぐらい日常的に情報端末を活用した学習をしているのか、そして、その有

当日のセミナーの様子

効性を感じているかで伝える内容も変わってくると思う。

児童が実際に使っているアプリでクラウド体験をする

情報端末にログインするには ID とパスワードが必要になってきます。各学校で研修用の ID をいくつか取得しておくと、繰り返し活用できるので取得できる環境であれば作成しておくことをお勧めする。こちらは教育委員会との相談だろう(本校では、40 アカウント作成し毎年パスワードを変更して活用している)。

クラウド体験の導入として毎回実施していることは、共同編集だ。スプレッドシートに書かれた項目についてそれぞれが自己紹介のような内容を入力していく。これを体験するとクラウドを使って共同編集する感覚を、ほとんどの保護者は掴むことができる。

導入後の活動で低学年の保護者に向けては授業での活用頻度が高い Google Jamboard を使って、しりとりや 1 枚の写真から気がついたことを集める情報収集を体験してもらった。そして、高学年の保護者に向けては授業での活用頻度が増えるスライドの作成・動画を視聴しながら Google Chat に情報を入力する活動を体験してもらった。こうした体験で使うアプリや活動は、児童・生徒が日常の授業で活用しているアプリ、そしてそれを使った日頃の授業と同じ活動を体験してもらうことで、保護者もイメージがしやすく理解への足がかりとなる。

参加者にも1人1台情報端末

実際の授業を参観する

全学年を 1 クラスずつ授業ツアーのイメージで教師が解説をしながら回っていく。こうすることで、発達段階に応じて児童・生徒が授業の中でどのように情報端末を活用していくのかを順番に見ることができる。また、先程のクラウド体験と目の前の児童・生徒の授業をつなげることで、自分たちが体験してきた授業との違いを感じることができる。参観授業は、できれば意図的に見せたい場面や活動が表出する時間帯を授業者と打合せ計画的に参観していくと伝えやすいと思う。

こうしたセミナーを、管理職が講師として実施することが難しい場合は、他校管理職や教育委員会の力を借りて実施する方法も考えていくとよいだろう。また、保護者はこれまで、クラウドでつながった情報端末を活用した授業を受けた経験がない。児童・生徒が日頃の授業で活用している情報端末やアプリを実際の授業と同じような形で体験し実際の授業をそうした視点で参観することで保護者のよりよい理解へとつながっていくと考える。

管理職の役割として、各担任が保護者に伝えきれない大きな学びの流れ(学校教育目標に照らし合わせた、これからの学びの方向性等)を丁寧に説明したい。そのためには、保護者が不安に感じる情報端末の安心・安全な活用を、具体的な授業や学校生活と結び付けて共有することが大切だと考えている。

授業ツアーの様子

教師への支援

02 県が示すビジョンを参考に、学校主体で授業を改善

松坂真吾●指導主事

ICT を活用した「個別最適な学び」を県域で展開するためには、イメージを共有する必要 がある。「本県で目指す探究」と「ICT の特性」を活かしつつ、誰もが取り組める目標を決め出し、先生方と授業を一緒に考え、授業改善を支援。

県が示すビジョンが学校の授業改善のスタートに

長野県で目指す、「自ら問いを立て、主体的に課題解決に向かう力」を育成するためには、「個別最適な学び」と「協働的な学び」の一体的な充実を踏まえた主体的・対話的で深い学びの授業改善が不可欠である。

GIGA スクール構想が本格的にスタートして 3 年、本県では、クラウド活用と授業デザインに注目し、全ての先生が段階的に取り組めるよう信州大学教育学部次世代型学び研究開発センターの助言を受け、全県的な目標を設定し、ビジョンを示してきている（参考 :https://www.pref.nagano.lg.jp/kyoiku/kyogaku/kyoshokuin/shiryo/ict.html）。

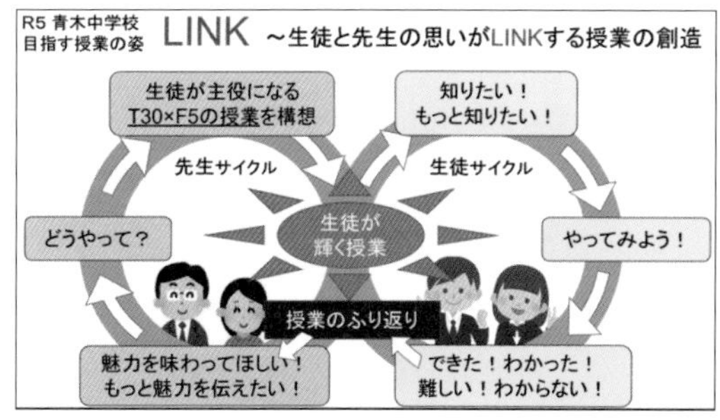

青木村立青木中学校の授業デザイン

加えて、問題発見・解決の過程がある授業というのは、一斉一律の授業にはない、異なる方法で学習を進めたり、個に応じた学習活動や課題に取り組む機会を提供したりする必要があり、「個別最適な学び」の特徴を踏まえ、子どもたちが自己調整しながら学びを進める資質・能力が育成されると考えている。

ある中学校では、クラウドの活用を前提とし、子どもの姿でイメージし、子どもと職員全員が共通理解を図り取り組んでいる。

スタートが肝心、課題の設定

まず着目したいのは「課題の設定」であり、その課題の設定を誰が行っているかである。「個別最適な学び」が実現している授業では、子どもが課題を設定し、Google スプレッドシートや Google Chat で共有されていることが多く見られる。もちろん、子どもの発達段階もあることから、

・授業でやること
・授業のめあて
・授業で明らかにしたい課題

などケースバイケースである。

長野市立篠ノ井東中学校では、子どもたちが

立て、スプレッドシートに共有された課題を、「感覚による追究に陥らないか」「結論を導く際に根拠を示せるものか」という視点で先生がフォローする授業を実践している。

複線的な追究には、クラウドは必須

なぜその追究方法を行っているのか生徒に質問してみると、

「動画で具体的なイメージを掴んでから、自分の課題に取り組むようにしています」

「教科書の方が先生の方針にもあっているし、出来事の流れに沿って書いてあるから効率がいいし関連が分かりやすいです」

など意図がはっきりしていることが分かる。

追究方法が多様化し、異なった方法で学習を進める場面こそ、クラウドでスライドを共有し、友だちの思考や考えを閲覧し、整理・分析、まとめ・表現の学習過程を経て、学びの「広がり」や「深まり」を促したい。

その際、「設定した各自の課題」も共有されていることが、友だちのGoogle スライドへの「コメント」やGoogle Chat での議論につながる。

また試行段階ではあるが、全ての子どもの「瞬時の問い」に対応できる可能性を探るため「生成AI（対話型）」についても研究が始まっている。

自らの方法で追究していく姿

自己調整する姿を捉えたい授業終盤

学校を訪問する中で先生方と「授業終盤での支援」について議論している。

「何が分かっていて何が分からないのか、どのようにすればできるようになるかまでを自ら俯瞰できる姿」

「追究において、感情や行動をコントロールできる自己調整力を身に付け、知識及び技能や思考力、判断力、表現力等に関わる資質・能力を協働で伸ばしている姿」

に注目し、授業を振り返る先生の発言が増えている。そのような先生は、クラウドで共有されたスライドのコメントやチャットから子ども同士が協働する姿も読み取っている。

一方で、「自発的に学習する意欲や習慣を身につけること」「子どもの持っている可能性が開花すること」の支援を意識し、

- 多様な児童生徒が参加できる授業の工夫
- 勉強が苦手な子どもの努力以外の要因

にも目が向きつつあるが、「子どもが学習内容、学習方法を自由に選択する」という授業場面は少ないという課題も見えてきている。

そこで、「子どもたちが学習内容、学習方法を自由に選択し、協働する」授業デザインを構築するために、

1. 自ら学習状況を把握し、学習の進め方について試行錯誤するなど自分の学習を調整する姿
2. 知識及び技能や思考力、判断力、表現力等を身につけ、学びに満足する姿

を見える化し、「個別最適な学び」と「協働的な学び」の一体的充実に向け、授業終盤の有効な教師の関わり方も引き続き研究していきたい。

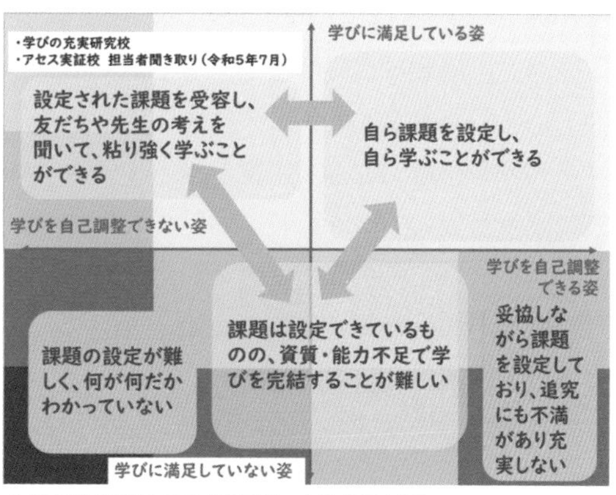

本県事業:学びの充実研究校による調査結果
（濃い緑の児童生徒へ支援を充実させたい）

教師への支援

03 クラウドの活用で、ひと・もの・ことを「いつも・いつでも」つなぐ

平井奉子●指導主事

静岡県吉田町の全学校・全教職員・教育委員会・有識者がつながる全教職員研修会の実施とGoogle Chatの活用による、「個別最適な学び」と「協働的な学び」の一体的な充実を意識した授業改善と校務のクラウド化で変化する教職員の働き方改革を推進している。

町内の学校がつながる全教職員研修会の実施

1中学校3小学校の1中学校区の特性を生かし、令和4年度から4校全ての学校が全クラス公開の授業研修を行っている。実施校以外の3校の教職員が授業を参観し、その後、事後協議を行い、最後に、吉田町情報化推進アドバイザーの信州大学佐藤和紀准教授の講話を拝聴するという流れを繰り返している。

校種を越えて授業参観をすることで、小中のつながりの意識が高まるとともに、町内の学校の状況を知るということが、それぞれの学校の取組みにも生かされている。

研修会に必要な情報は全てクラウドで共有されているため、授業案もペーパーレスである。

令和4年度はGoogleスプレッドシートで作成した一覧表にGoogleドキュメントで作成した授業案のURLを掲載していた。令和5年度は、授業案にも教師の個性が表れ始め、様々なスタイルの授業案が共有されている。

授業案は授業参観前に共有され、コメントをし合う。参観中も見たことや感じたことを入力し、授業参観後はコメントをもとに協議する。

0920　GIGA参観日　指導案一覧

※指導案の他にも、研修サイト、研修だより等も公開しています。9月29日（金）までを公開期間としたいと思います。

クラス		教科	単元名	指導案
たんぽぽ	1組	図工	すきまちゃんのすきなすきま	たんぽぽ1
	2組	算数	時こくと時間	たんぽぽ2組
	3組	算数	線対称・点対称	たんぽぽ3組
ひまわり	（発達通級）	自立活動	上手な声のかけ方を学ぼう	通級ひまわり
1年	1組	算数	かたち（1）	1-1
	2組	国語	かたかなを　みつけよう	1-2
2年	1組	国語	ことばあそびをしよう	2-1
	2組	国語	そうぞうしたことを音読作品であらわそう	2-2
3年	1組	理科	物の重さをくらべよう	3−1
	2組	国語	ポスターを読もう	3−2
4年	1組	音楽	せんりつのとくちょうを感じ取ろう	4-1
	2組	国語	[illegible]	4−2
5年	1組	国語	物語の全体像をとらえ、考えたことを伝え合おう「たずねびと」	5−1
	2組	国語	敬語の使い方をマスターしよう	5−2
6年	1組	国語	やまなし　～宮沢賢治の世界を味わおう～	6−1
	2組	国語	やまなし　～宮沢賢治の世界を味わおう～	6−2
	3組	国語	やまなし　～宮沢賢治の世界を味わおう～	6−3

事後アンケート　https://forms.gle/4jWncMTEWa

【その他のシート】	
校内配置図	校内配置図（住…
駐車場	駐車場（運動場…
全体会会場図	0920会場図（GI…
研修サイト	
「Team S　走る」（研修だより）	第1号
	第2号
	第3号
	第4号
	第5号
	第5号
	第6号
	第7号
	第8号

令和5年度の授業案一覧シート例

全教職員を繋ぐGoogle Chatの活用

授業案をはじめ様々な情報は、吉田町の全教職員が参加する「全教職員Google Chatスペース」に配信している。

ここには研修会の必要情報だけではなく、お知らせ、その他様々な情報も共有する。また、スペースには指導主事や佐藤准教授も入っており、校種、職種を越えたつながりの場になっている。

研修会の事後研修では、講話を拝聴している時にもGoogle Chatで大事なことや感じたことをアウトプットしている。教職員も子どもも「ただ聞いているだけ」よりも自分ごととしての参加になり、理解度も深まる。また、記録が残るため、参加できなかった教職員や参加者の振り

同時間にC小とS小からの配信・自分の実践発信

返りに大いに役立っている。

各校の日々の授業の様子も、「全教職員Google Chat スペース」で共有している。はじめは参観者が配信することのみであったが、最近では、授業者が自分の実践について発信することも増えた。また、授業を参観したらGoogle Chat でリアルタイム配信をすることが日常化しつつある。

町内の学校・教育委員会・有識者が常につながっていることで、町としての方向性の共有や一体感を生むとともに、町全体として学びが積み上がり、「個別最適な学び」と「協働的な学び」を意識した授業改善につながっている。

「個別最適な学び」と「協働的な学び」を意識した授業改善による授業の変化

このようなつながりを意識してきた結果、授業にも変化が見られるようになった。

子どもが見通しをもって学びに取り組めるように、教師が授業の流れを示した手引きを配信する。子どもは手引きを参考に、今日の取組みを自分で決める。それを、Google Chatに宣言し、クラスの友だちと共有する。「探究的な学習の過程」を繰り返すことで学び方を習得し出した子どもたちは、自習の時も自分で学びを進めることができるようになってきた。

自分で決めたことにはそれぞれの思いがある。そこには「夢中になって活動（思考）している」子どもの姿がある。単元の計画を子どもと一緒に考えているクラスも出始め、教師にも子どもにも個性が表れ始めている。

自習クラスの様子

校務のクラウド化で変化する教職員の働き方

「授業でも校務でも使っているものは同じ」になるよう、連絡・調整はGoogle Chat を活用、職員会議等の資料はGoogle サイトやGoogle Classroom、Google Chat で共有している。クラウドでできることはクラウド移行し、ペーパーレス化を図っている。「クラウド活用のメリットを最大限生かし、教職員も自己選択・自己決定ができる働き方ができるようにしたい」との思いをどう体現できるか、各校それぞれができることを考え取り組んでいる。

その結果、行事等の連絡調整、毎月の安全点検等、様々な校務が効率化されてきている。

継続的な取組みにより、教職員の意識改革や情報活用能力の向上が図られている。また、こうした取組みが新たな価値を生みだし、教職員1人ひとりのやりがいにつながっていくと考えている。

学習∞校務∞研修の意識が、様々なひと・もの・ことへのつながりを生み「日常化」が図られていく。また、それらが「子どもを主語にした授業の質的向上」と「子どもも教職員も個別最適な学びと協働的な学びの一体的な充実」を図ることにつながり、子ども・教職員のウェルビーイングにつながっていくと考えている。

教師への支援

04 授業と同じ流れの研修で「学習観」を変える

望月覚子●指導主事

初任者の「学習観」を変えるために、初任者研修の流れを授業と同じ流れで行う。初任者は、研修の内容を学びながら、新しいスタイルの学び方を体験することができる。また、各学校で初任者を指導している教務主任や拠点校指導教員への研修も行い、校内での初任者指導を支援する。

個別最適な学びと協働的な学びの実現には、教師が「学習観」を変える必要がある。教員は学生時代、今までのスタイルの授業を受けてきている。「学習観」を変えるためには、新しい学びのスタイルを体験することが大切であると考える。新しい学びのスタイルでは、1人ひとりが課題をもち、それを解決するために探究的な学習過程に沿って学んでいく。

初任者研修において、研修の流れを授業と同じ流れで行う。そうすることで、初任者は、研修の内容を学びながら、新しい学びのスタイルを体験することができる。

一方、市で行う初任者研修のみで取り組んでも、初任者が学校に戻った際に周りの教師に理解してもらえなければ効果はない。新しい学びのスタイルは、初任者以外の教師たちにとっても初めてのことである。初任者が学んできた授業を受け入れるためには、初任者以外の教師たちも「学習観」を変える必要がある。特に、各学校で初任者を指導している教務主任や拠点校指導教員への研修を行うことで、市と同じ理解で初任者指導ができるようにする。

初任者への研修

市内の校内研究会に参加する初任者研修を例に説明する。

まず、事前にGoogle Classroomで、研修のめあてや流れを共有する（図1）。初任者が見通しをもって研修に参加できるようにするためである。事前に、授業をする際に困っていること、課題に感じていることを見つけ、今回の自分の課題とするよう知らせておく。事前に指導案を読む際にも、この課題を意識しながら読むよう記述しておく。

当日は参観前に、課題とその課題にした理由

【めあて】
自分の授業や学級経営にいかせることを学びとろう
【事前準備】
・自分の授業や学級経営にいかすために、どんな目的で授業を参観するのか、自分のめあてを決める
※　自分の授業や学級経営にはどんな課題があるかをもとにする
・決めた目的を意識しながら、指導案集を読む
【オリエンテーション】13:00
授業参観の事前説明をきく
どんな目的で授業を参観するのか決めてきたことを、伝え合う
自分の課題をジャムボードの自分のシードに書く
【授業参観】13:35
授業を参観する
比べながらみる・・・・・・ex 発問の前と後、手立ての前と後の児童の様子　自分の対応と授業者の対応
多面的・多角的にみる・・・ex 子どもの立場で　教師の立場で　|
学習規律の面で　ICT活用の面で　日常の学級経営の面で
個の学びの面で　単元構成の面で
気づいたことはメモしよう 「なぜ？」とはてなをもちながら参観しよう
【協議会】14:30
授業をみて、「おっ！」と思ったことを短くふせんにメモする
メモしたことを整理する
・どんな手立てが、どんな効果があったのか？
・自分の授業にいかせそうなことは？
参加者同士でお互いの意見を伝え合う
まとめを書く
【全体会】15:10
講演から理論も学ぼう・・・「おっ！」と思ったことにはこんな理由があったのか！
【ふりかえり（事後課題）】
学んだことを自分の言葉でまとめよう

図1　Google Classroomに示しためあてや流れ

を初任者同士で共有する。ここで他の人の話を聞いて「それも知りたい」と新たな視点に気づいた場合は、課題を微調整する。Google Jamboardを1人1シート準備し、決めた自分の課題を入力する。

授業参観で自分の課題に対する情報を収集する。「比べながら」「多面的・多角的に」と、授業の見方も記述しておく。

参観後、戻ってきた人からGoogle Jamboardの付箋に情報を入力していく。このとき、情報はなるべく短い言葉で入力していくように伝える。後で整理・分析しやすくするためだということも伝える。

入力できたら自分の課題解決のために情報を整理・分析する。情報を分類したり、情報と情報を関係付けたりしていく。このとき、どのように進めていけばよいのかイメージをもてない人もいる。できている人のシートをスクリーンに映し、どこがよいのかを明確にして褒める。また、他の人のシートを自由に見るとよいと声をかけ、他の人の考えを参考にしながら学ぶよさを体験の中で伝えていく。気になるシートを見つけたら、その人に直接話しに行ってもよいことも伝える。

考えがまとまってきたら、参加者同士で自分のシートを見せながらディスカッションし、まとめを入力する（図2）。

このように、1人ひとりが課題をもち、それを解決するために探究的な学習過程に沿って学んでいく体験をした後、授業も同じ流れであることを伝える。

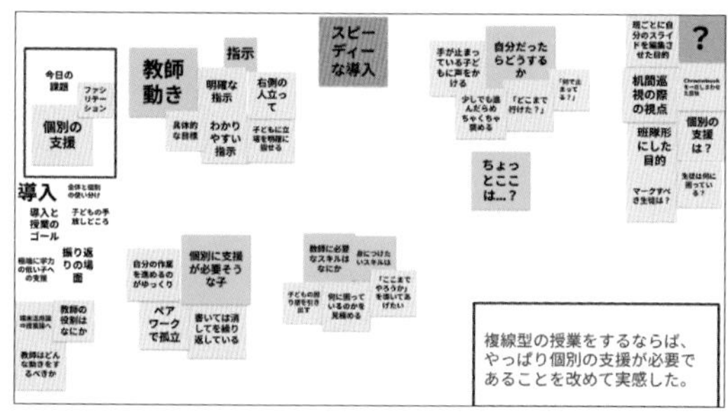

図2　初任者が入力したGoogle Jamboard

教務主任への研修

教務主任にも、市内の校内研究会に参加する際、初任者研修と全く同じ流れで研修を進め、「学習観」を変えるきっかけをつくる。流れが同じでも、事前に設定する自分の課題が違うため、学ぶ内容はもちろん初任者とは違ってくる。今回の研修の流れが、初任者研修でも授業でも同じであること、また、このような学びのスタイルでは、教師の役割や支援、子どもたちの情報活用能力が重要になることを教務主任に伝える。

拠点校指導教員への研修

拠点校指導教員にも、研修を行う。

まず、授業と同じ流れを体験してもらう。例えば、「休みの日に行くお勧めスポットを紹介しよう」などのめあてを出す。どの場所を紹介するか、拠点校指導教員それぞれが課題をもつ。紹介する場所の情報をGoogle Jamboardの1人1シートに入力していく。「景色」「食」「活動」などの視点で情報を分類する。そのシートをお互いに見せ合いながら、お勧めスポットの紹介をする。最後にまとめを入力する。

拠点校指導教員は、理論は分かるが初任者や子どもたちが授業で端末を使って何をしているのか分からないということに困っていることが多いため、体験と共に説明すれば納得していただけるだろう。さらに、このスタイルの授業では、教師の役割や支援、子どもたちの情報活用能力が大変重要になってくること、初任者は形から真似してこれらを見落としがちであることを伝え、拠点校指導教員にこれらについて初任者に指導していってほしいことをお願いする。

このように、市での初任者への研修のみでなく、各学校で初任者を指導する教務主任や拠点校指導教員を支援していく。

教師への支援

05 教務主任が担う3つの役割

石原浩一●教諭（教務主任）

個別最適な学びと協働的な学びを学校全体で推進するためには、教務主任の役割が極めて重要である。特に「年間計画と評価」「研修と授業研究」「学校の仕組みづくり」の3つの役割に留意して研究を推進することがポイントである。

授業をよりよくするための考え方や方法を学校全体に浸透させ、日常的な取り組みを通して児童生徒の資質・能力を高めたいと教務主任は願っている。しかし、学校という組織は多様な願いをもった個の集合体であるため、特定の考え方を根付かせるのは容易ではない。個別最適な学びと協働的な学びにおいても同様である。校内研究推進にあたっては、とりわけ教務主任の舵取りが重要である。本校においても道半ばではあるが、私が日々意識して取り組んでいることを紹介させていただく（図1）。

年間計画と評価	研修と授業研究
①全体を俯瞰した上で細分化し、今年度のゴールを設定 ②必要なことは4月に確実に提案 ③定量的・定性的に見取り、次の一手を検討	①子どもたちに求める学び方で教師も学ぶ ②外部指導者との連携 ③非同期の学びの充実 ④学習指導案の工夫

学校の仕組みづくり
①管理職との連携 ②部会の組織 ③学習規律や情報活用能力等の学年別の指導目標を整える

図1　教務主任に求められる3つの役割

年間計画と評価

学校全体で取組みを行うには、年間計画が重要である。立案にあたっては、教務主任は全体を把握した上で、細分化してゴールを設定する必要がある。例えば、個別最適な学びと協働的な学びに関しては、端末活用、学び方、見方・考え方、振り返り等様々な要素で構成される。1年間で全てに取り組むことは難しい。自校の実態に応じて「今年はこれを重点的に指導しよう」と、教務主任が見通しを持って立案し、提案する必要がある。

必要なことは4月に確実に提案する。もちろん、軌道修正は必要である。しかし、研究の根幹に関わる部分や、研究授業の授業者や回数に関わることは、後出しではなく4月のうちに提案したい。その際、実現したいのが「1人1授業公開」である。数名だけの特別な研究授業ではなく、全員が校内研究のテーマに向き合う機会をつくることで、みんなで取り組む雰囲気が醸成されると考える。

取組みの評価も重要である。研究テーマに関するアンケートを作成し、児童と教職員に毎学期末に実施する。次学期や次年度に向けた軌道修正の資料のみならず、アンケートへの回答を通して研究テーマに関する意識づけやリマインドを促すことにもつながる。

研修と授業研究

子どもたちに求める学び方で教師も学ぶことが重要である。かつては、子どもの学び（ペダゴジー）と成人の学び（アンドラゴジー）は分けて捉えられていた。しかし、児童生徒に情報端末が整備され、学習観も変わりつつある今、その垣根はほとんどなくなった。児童生徒に自ら課題を見つけ、インプットとアウトプットを繰り返しながら学びを調整するような学習を求めるのであれば、教師もその形で学ぶことが必要ではないだろうか。例えば、研究授業の際、授業１週間前に Google スプレッドシートを全教職員に共有する。シートには、予め「①私の目標、②学んだこと、③今後取り組みたいこと、④ 取り組んだこと・次の課題」等の観点を入力しておく。先生方には、研究授業前に①を、授業直後には②③を、授業終了２ヵ月後には④を入力してもらう。このように、児童生徒に求める学びの一部、あるいは全体を教師が研修を通して体験することで、学びのイメージがもてるようになるだろう。

外部講師に指導・助言をいただく場合は、教務主任が十分に連携を図ることが重要である。学校の実態や取組みの方向性を伝えることはもちろん、必要に応じて指導助言の内容についても依頼することが必要である。時には「この先生はたくさん褒めていただけるとありがたいです」といった依頼もしている。助言者の方に丸投げするのではなく、必要な情報を必要なタイミングで伝え、マネジメントすることが教務主任には求められる。

研究授業等の特別な機会だけでなく、日常的な学びの仕組みも重要である。Google Chat を使うことで、実践や情報の共有が容易になる。Google サイトを使うことで、校内の取り組みを蓄積し、いつでも誰でも振り返ることができるようになる。また、学習指導案の形式も工夫したい。理想は、指定された内容を記述すれば目指す授業の要件を満たす指導案である。もちろん、形をなぞるだけの授業では不十分である。しかし、形から入ることで、目指す授業のイメージがつかめたり、子どもの変容を実感し、そこから取組みの価値に気づけたりすることもあるだろう。

学校の仕組みづくり

研究の土台を整えることも教務主任の役割である。まずは、研究組織を立ち上げたい。例えば、ICT 推進部会や協働部会、学び方部会等が考えられる。定期的に各学年の取組みの共有や課題の洗い出し、新規提案内容の検討を行う。部会での活動を活性化させることが、仲間を増やし、校内研究を推進するチームをつくることにつながる。

特に重要なのは、学習規律の検討と情報活用能力等の学年別指導目標の整理である。学習規律は依然として重要であるものの、従来求められてきたものと今後求められるものとは質的に異なる。例えば、従来は教師の指示で端末を使うことが基本であった。しかし今後は、児童生徒の判断で端末を用いることが新たな学習規律として想定される。加えて、それを何年生から求めるのかを学校として判断し、統一感をもって指導を進めることが重要である。情報活用能力や学び方の学年別指導目標も同様である。共同編集による協働はいつ経験させるのか、Google Chat の活用の仕方はいつ指導するのか等の目安を整理する。もちろん、学級の実態に応じて早くから始めてもよいが、最低限この学年までには経験させましょうといった、個別最適な視点で整理・検討するとよいだろう。

個別最適な学びと協働的な学びを学校全体で推進していくことは容易なことではない。とは言え、学級や学年の取り組みに任せていてはいけない。全ての児童生徒の学びを保障し、全ての教職員に「私にもできた」という思いをもたせられるかどうかは教務主任にかかっている。

教師への支援

06 研修∽授業！できること全部クラウドで！

三津山一世●研修主任

研修主任として大事にしてきたことは、「研修と授業は相似形であること」と「とことんクラウド化すること」だ。子どもの学びを、大人で実現したらどうなるのか？と置き換え思考で校内研修の企画運営をしている。

授業観変換のきっかけとなった「探究的な学習の課程で学ぶ研修会」

校内研修会は、子どもの学び方と同じ「探究的な学習の課程」で進めている。「探究的な学習の過程」とは、子どもが自ら課題設定し、情報収集、整理・分析、まとめ・表現する一連の学習活動である。主体的に学びを進めていくことが特徴で、これからの社会を生き抜くために必要な力を育む学び方である。まず、教職員が探究的な学習の過程で研修することが、子ども主体の授業を実現する近道だと考えた。

授業研修会では視点を決めて同じ授業を全教職員で参観し、事後研を行っている。ここまでは、従来の研修会と同じである。違うのは、授業を参観しながらGoogle スプレッドシートに成果や課題をメモしていくことだ。共同編集で、全員の考えが シートに同時に入力され、それを参観者が互いに見合うことによって、より深く考えたり、新たな気づきを得たりする。そして、情報収集を参観中に行うことは、即時に考えを整理・分析することにもつながる。教職員は、ツールを自己選択し、必要に応じて関わり課題解決に向かう。こうして主体的にまとめ・表現することができるので、様々な考えにふれて学びが深まり満足度が高い。これからは教職員も学び方を大事にしていく必要性を感じる。このような研修会を重ね、教職員は授業イメージをつかみ授業観変換のきっかけとなった。

研修の個性化・個別化を実現し学びを蓄積する「あしあとシート」

研修で学んだことは、「あしあとシート」に蓄積している。教職員１人ひとりが課題設定をして、学んだことや情報収集したことを、Google スプレッドシートにリンクを貼ったりメモをしたりしてまとめている。

例えば、誰と関わり、どのツールで学んだか

あしあとシート一例

学び方を書いたり、自己評価・振り返りを記入したりする。ここから次の課題を設定していくこともある。シートタブで個人が分かれているので、１人ひとりの研修の成果と課題がよく分かり、現状が見えてくる。各自に研修主任からコメントし、クラウド上でも関わることで、すぐに個別支援したり学校全体でどんな成果と課題があるかを分析できたりした。

このように、１人ひとりの学びが可視化され点ではなく線となっていることが本人にも他者にも分かり個別最適な研修ができた。

共同編集・共有で校内研修が活性化する「研修情報サイト・授業実践チャット」

研修に関わる情報は、研修サイトに掲載している。サイトの編集権は全教職員にあり、実践を載せて共有でき、情報が集まる場となっている。また、最新情報や授業実践についてチャットで共有し意見交換もできる。点ではなく線で情報をつなぐサイトと、いつでもどこでも欲しい時に情報が手に入るチャットで、校内研修を活性化することができた。

子どもが主語の授業案実現のため考案した「学びプラン」

「指導案って、何かしっくりこなくなったよね。」こんな会話が教職員から出るようになった。そこで、個別最適な学び、協働的な学びについて教職員で検討を重ね、「学びプラン」を考案した。学びプランの全体構成は、目標や単元構想を共通事項とするが、他は自由である。単元構想中に、本時案を入れたことも特徴だ。各時間を探究的な学習の課程で記載していき、本時の学びがどのような流れの中にあるのか示すことで、子どもの学びを単元全体で捉えた上で、本時の学びに注目することができる。

また、教職員が個性を発揮できるように、使うツールや形式を選択できるようにした。さらに、学びプラン内には、自由にキャプチャ画像のリンクを貼っている。コメントに補足説明を入れることもできる。Google Classroom の画面をキャプチャで掲載したり、振り返りや子どもの作成物のリンクを貼ったりすることで、子どもの思考の流れや様子が分かり、学びプランは「生きた授業案」となった。

いつでもどこでも授業の質を高める「クラウド授業検討」

研修主任として「いつでもどこでもできる研修」を心がけ、常にクラウドでも教職員に関わるようにした。

学びプラン検討時に、全教職員の学びプランのリンクを掲載したスプレッドシート内で、教職員とコミュニケーションをとった。気になる点は授業案に直接コメントしたり、参考になりそうな資料はチャットで共有したりするのもよい。もちろん、対面で検討を行う時もあるが、クラウドで事前検討を行っているので、スムーズに進められる。また、アドバイス内容がコメントで残っているので、重複しないことも時短になる。実際に教職員の反応は、

- 自分の空いた時間でアドバイスを読み、再考できたので効率がよかった。
- 他の教職員の学びプランを閲覧できるので、情報量が多く勉強になった。

と肯定的だ。研修主任としても、教職員１人ひとりの進捗や悩みをいつでも閲覧し、クラウド上でも寄り添うことができたので、授業力向上の支援を個に合わせて行うことができた。

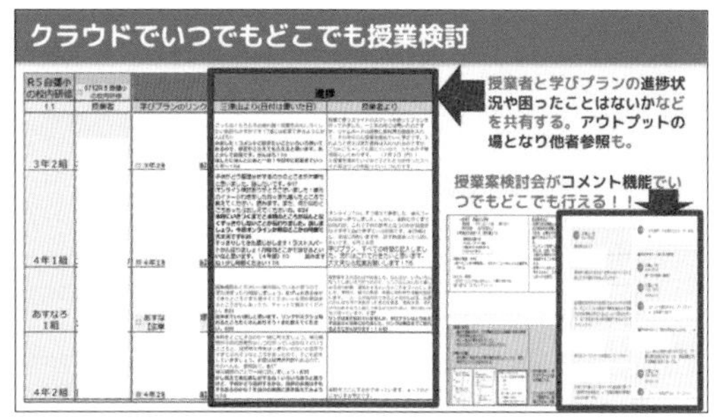

授業検討したスプレッドシートや学びプランのコメント一例

皆さんの疑問にお答えします

水谷年孝◎春日井市教育委員会　教育研究所　教育DX推進専門官

ここまで多くの実践事例が紹介されているので、すでに、いくつか新たに取り組んでみた方も少なくないと思う。ただ、実践してみると新たな疑問点も浮かんだのではないだろうか。各地の研修会で、よく質問される内容も含めて、皆さんの疑問に答えていく。

時間がかかり、授業が進みません

Q1　端末を活用していますが、時間が想定していた以上にかかり、思ったように授業が進みません。

A1　これまでの一斉授業中心の授業スタイルのままで、一斉に端末を活用する場面を追加しているだけではないでしょうか。つまり、先生の指示のもと、一斉に端末を出して操作を始めさせたり、途中で事前に決められたグループで一斉に話し合わせたり、また、最後に指名した数人だけに発表させたりしていないでしょうか。

これでは、今までの授業に端末活用の時間が加わるだけで、余分な時間が増えたと感じられ、さらに、先生はこれまで以上に指示をしなければならず、質問のようになかなか授業を進めることができません。結果的に、端末活用をしない方がよいということにもなりかねません。

また、児童生徒は先生の指示を待って、指示されたように端末活用をするだけにとどまりますので、端末活用のスキルはなかなか身に付かないばかりか、指示待ちの間に、ついつい自分勝手な操作をしてしまうことにもなりかねなく、結果的に先生が指導する場面が増えてしまうこともあります。

ここまで、いろいろな実践例が紹介されていますが、これまでの授業にこれらをただ組み込むだけではうまくいかないことを気づいている方も多いでしょう。必要なことは、コラムでも説明されているような授業観の転換です。現在の学習指導要領、そして、令和の日本型学校教育で求められている「1人ひとりの子どもを主語にする学校教育」を実現するためには、自己決定する場面、試行錯誤する場面を多く設定して、結果的に子どもに学びを委ねていくようにすることが必要です。

ここまで各ページで紹介されている各事例は、1人1台端末とクラウドを活用することによって、このことを実現しようとしてきたものばかりです。特に、クラウド上で他の児童生徒の学びの様子を自由に、しかも自分のタイミングで見ることができるようになったことが大きいのです。

もちろん、端末やクラウドを自在に活用するスキルも重要ですが、子ども自ら情報を集めて、整理し表現していくスキルが身についていないと、このような学びを進めていくことはできません。こういったことから、情報活用能力を育成していくことがとても重要です。

書く力等が身につかないのではないですか

Q2 端末活用ばかりで書く力が身につかずに、低下してしまうのではないですか。また、コミュニケーションがどんどんなくなるようで心配です。

A2 確かに、手書きの機会は減りますので、漢字などの指導は、きちんとこれまで以上に取り組んでいく必要はあります。また、アプリをただ操作するだけだったり、ただWeb検索をして情報を見るだけだったりでは、このような心配があてはまると思います。

さて、端末やクラウドを活用していなかったときの授業を振り返ってみてください。板書を写して、ノートに書くこと以外に、自分で考えて書く機会はどの程度あったでしょうか。さらに、考えがよくまとまっていないにも関わらず、教師の指示で一斉にディスカッションさせていなかったでしょうか。

しかし、ここまで紹介されている事例は、そのような活用ではないことは、すでにご理解いただいていると思います。情報活用能力を育成し、自分で情報を集め整理して自分の考えをまとめてディスカッションをしたり、スライドにまとめたり、レポートにまとめたりしている事例ばかりです。このような活用では、自分で考えをまとめているので、ディスカッションはとても活発です。自分の考えがきちんとあるので、話したくてしょうがありません。また、そのような過程できちんとアウトプットしたい考えが深まっていきますので、GIGA環境活用以前とは比べものにならないくらい量も質も飛躍的に向上したものになっています。

再度、書くために必要なことは何か、コミュニケーションのために必要なことは何かを検討していただくと、このような質問が必要ないことが理解していただけると思います。

なお、実際の授業を見ていただくと、このような疑問は払拭されると思いますが、そのような機会がない場合は、文科省の公式チャンネルなどで紹介されている動画（参考文献にURLがあります）をぜひご覧いただければと思います。

一部の子が作業するだけになりがちです

Q3 グループで1つのスライドにまとめていますが、リーダー的な子が進めてしまい、見ているだけの子もいます。どうしたらいいでしょうか。

A3 GIGA環境整備以前は、小さなホワイトボードに班で話し合ったことをまとめていました。そのため、どうしても役割分担をして、誰かが中心になって進めてしまうことがありました。

しかし、GIGA環境では、グループで進める必要はなく、各自で進め、クラウドで共有することでディスカッションを容易に進めることができるようになりました。1人でジャムボードに情報を集めて整理したり、自分でスライドにまとめながら、クラウドで共有しているクラスの仲間の情報を自分で参考にしたりしながら進めることが重要です。

確かに、GIGA環境の活用初期段階では、操作スキルが不十分であったため、グループで進めた方が学びはスムーズに進みました。また、1人では十分な活動ができない心配からグループで進めていたこともありましたが、そのような活用をいつまでも続けていては、児童生徒1人ひとりで取り組むことができません。これまで活用してきた経験から、厳しいようですが、各自で取り組む機会をどんどん増やして、必要な子どもたちに適切な支援をしていった方が有効だと思います。

ただ写すだけで、考えなくなりませんか

Q4 クラウド上で他の人が作成しているものを見ることができるようになると、ただ写して終わってしまい、自分で考えなくなるのではないかと心配です。また、学力は大丈夫なのでしょうか。

A4 これまで、クラウド活用による実践に取り組んできた経験から言えることは、いただいた疑問点については全く心配無用であるということです。とにかく、まずはこのような活用に取り組んでみることが重要です。

これまでは、教師が参考になりそうな他の児童・生徒の例を選び、全体の取組み状況を判断し、教師が必要と思ったタイミングで、しかも全員の作業を中断させて紹介していました。確かに、多くの児童・生徒には参考になっていましたが、自分にとって必要な情報ではなかったり、そのタイミングでさらに自分の作業を進めたいと思っていたりしたかもしれません。

しかし、クラウド上で共有しているお互いの情報を参照して参考にすることは、これまでの方法とはかなり異なります。自分が参考にしたいタイミングや、誰の情報を参照するかは、各自で全く異なります。このような活動を「白紙共有、他者参照、途中参照」と言っています。

いつもこのような学びをしている春日井市立高森台中学校の１年生に、クラウドでの学びについてどのように感じているか聞いてみました。「Google Jambord、Google スライド、Google スプレッドシートなどを使って、自分の好きなタイミングで、クラウド上で他の人が取り組んでいる様子を自分で選んで自由に参考にすることができます。このことについて、どのように思いますか？」という質問の回答を集計したところ、図１のグラフのような結果で、全員が肯定的な評価をしていました。

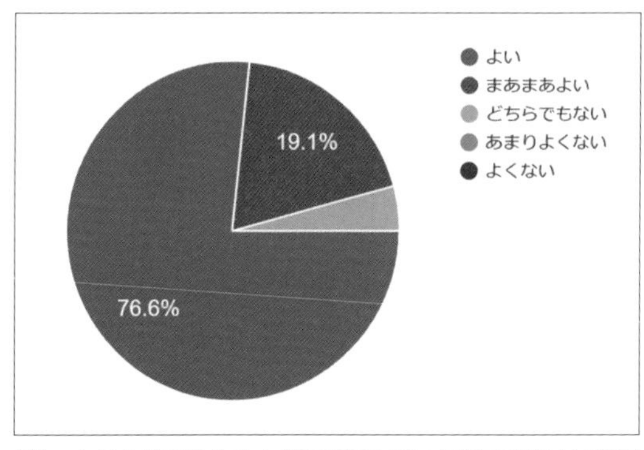

図1　クラウドでの他の人が取り組んでいる様子を自由に参考にすること（他者参照）のよさについての評価
（高森台中1年n=94　R5年12月調査）

また、このような学びのよさや問題点を自由記述で答えてもらいました。それを生成 AI でカテゴリーに分けて集約させたのが図２です。

	カテゴリー	人数	要約
1	他者からの学び	18	他の生徒の作業を見て学び、不安を減らし、考えを広げる。
2	参考資料としての利用	11	分からないときに他の生徒の作品を参照し、助かる。
3	デジタルツールの活用	9	ジャムボード、スライド、スプレッドシートを使って効果的にまとめる。
4	自己表現の向上	7	デジタル教科書から画像を引っ張り、意見を明確に伝える。
5	自主学習	6	自分のペースで学び、自分に合った方法でまとめる。
6	意見の共有と議論	7	他の生徒と意見を共有し、学びを深める。
7	多様な意見の取り入れ	5	他の生徒の意見を取り入れて、視野を広げる。

図2　クラウドで他の人が取り組んでいる様子を自由に参考にすること（他者参照）についてのどのように思うかについての意見集約結果

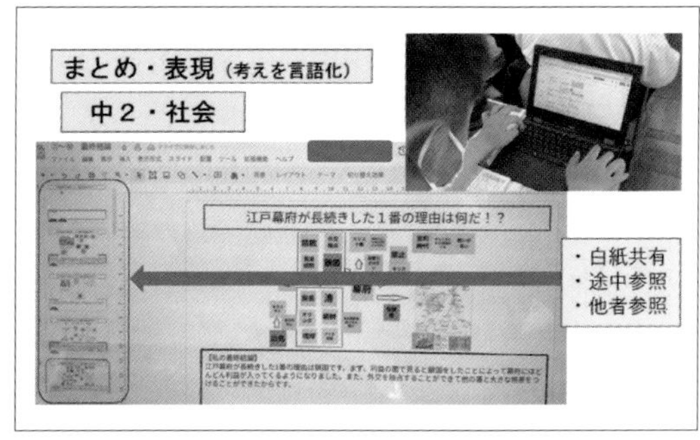

図3　白紙共有・途中共有・他者参照の実際の例

また、この自由記述について「良い点と悪い点を述べている感想のどちらが多いのですか？」と生成 AI に尋ねたところ、次のような結果が得られました。「生徒の感想の中で、クラウドを活用した学びの良さを述べているものが明ら

かに多く、多くの生徒がこの新しい学習方法の利点を強調しています。一方で、悪い点を指摘する感想は比較的少数です。良い点に関する感想は、協働学習の機会、情報の整理と提示の容易さ、学習の柔軟性などに焦点を当てていますが、悪い点に関する感想は主に他の生徒の丸写し問題やアクセスの不均一性に関するものでした。」

このように、子どもたちはこの学びの良さを十分に理解しています。令和の日本型学校教育で重要とされる自分で決めることや試行錯誤することが、クラウドをフル活用した学びにおいてしっかりと行われています。

なお、もちろん、どのような課題を設定しているかも重要です。答えが1つに決まってしまうような課題では、このような学びは進まないのは当然です。

どのような研修が必要ですか

Q5 クラウド活用のよさを伝えるために、どのような研修が必要でしょうか

A5 ここまでクラウドを活用した研修の進め方の具体例を説明しましたので、理解が進んだと思います。ポイントは、「授業∞校務∞研修」です。これら3つの内容はもちろん異なります。しかし、この3つは、子どもの学び、大人の学びと大きく2つに分けることができ、活動の形態や活用する環境に違いは、ほとんどありません。ですので、どのような環境で、どのようなことができるのかをまず体験して理解することが重要です。

私たち現役の教師は、実際にクラウド環境を活用した学びを経験していません。ですので、まずはこの環境での学びがどのようなものかを体験することが最重要です。

しかし、どうしてもどのような授業をすべきかを先に考えがちです。遠回りかもしれませんが、未知の世界を知り、これまでとは違うことができる可能性があることをきちんと把握することが必要です。

したがって、日常の業務でこの環境を活用し、さらに研修でもこの環境を用いて、教師自身の学びを深めることが重要だと考えます。この研修は、ICT活用の研修だけではありません。生徒理解など、他の分野の研修でも、この環境を活用した教師の学びを進めることです。

確かに、基本的な操作の研修は必要ですが、それだけではクラウドの活用の良さは伝わりません。まずは、日常の校務でクラウド環境を活用した情報共有や共同編集を積極的に進めてください。その中で、どのようなことが実現できるかを体感してもらうことが最善です。この取組みにより、業務改善や負担の軽減が確実に進みます。ICTが得意な方のアドバイスだけでは進まないことがよくあります。ですので、誰もが無理なくできることを小さなステップで進めていくことが重要です。

具体的には、文部科学省が公開している「働き方改革事例集」や令和5年9月に全国の学校で行われた悉皆調査での校務DXチェックリストを参考に、小さなステップで取り組んでいただくことがよいでしょう。

〈参考文献〉

- 奈須正裕(2023)「個別最適な学び」と「協働的な学び」の一体的な充実を目指して.北大路書房,京都
- 中央教育審議会（2021）「令和の日本型学校教育」の構築を目指して~全ての子供たちの可能性を引き出す,個別最適な学びと,協働的な学びの実現~（答申）.文部科学省,2021-01-26,https://www.mext.go.jp/b_menu/shingi/chukyo/chukyo3/079/sonota/1412985_00002.htm
- 文部科学省（2023）「GIGAスクール構想の下での校務DX化チェックリスト」に基づく自己点検結果の報告について（通知）.2023-12-27,https://www.mext.go.jp/a_menu/shotou/zyouhou/detail/mext_02597.html
- 文部科学省（2023）1人1台端末で学校が変わる!【小学校編・中学校編・高等学校編】. 2023-4-14,https://www.youtube.com/playlist?list=PLGpGsGZ3lmbBASFWjIRb6OAekj81r16K1
- 文部科学省（2023）StuDX Style "自ら学ぶ"生徒を育成する授業づくり（春日井市立高森台中学校）. 2023-5-1, https://www.mext.go.jp/studxstyle/special/48.html

◉監修者　堀田龍也　（東北大学大学院情報科学研究科・教授／東京学芸大学大学院教育学研究科・教授）
◉編著者　佐藤和紀　（信州大学教育学部・准教授）
泰山 裕　（鳴門教育大学大学院・准教授）
大久保紀一朗　（京都教育大学教職キャリア高度化センター・講師）

◉執筆者（掲載順）
［1］
久川慶貴　（春日井市立藤山台小学校）
小川 晋　（春日井市立高森台中学校）
稲木健太郎　（壬生町教育委員会）
八木澤史子　（千葉大学教育学部・助教）
［2］
福井美有　（春日井市立出川小学校）
礒川祐地　（浜松市立相生小学校）
本田智弘　（春日井市立中部中学校）
西本 壇　（春日井市立知多中学校）
大石美里　（吉田町立中央小学校）
小松良介　（伊那市立伊那小学校）
杉本啓馬　（春日井市立藤山台小学校）
中田 樹　（吉田町立住吉小学校）
近江悠太　（静岡市立長田南小学校）
中澤美森　（静岡市立伝馬町小学校）
山川敬生　（春日井市立松原小学校）
杉田直隆　（吉田町立住吉小学校）
石原浩一　（春日井市立松原小学校）
浅井公太　（静岡市立南部小学校）
落合一臣　（鳴門教育大学大学院）
新川颯人　（沖縄市立高原小学校）
棚橋俊介　（静岡市立長田東小学校）
滝沢雄太郎　（長野市立篠ノ井西小学校）
土田陽介　（帝京大可児小学校）
伊藤真紀　（信濃町立信濃小中学校）
三井一希　（山梨大学教育学部・准教授）
［3］
辻 瞳　（栗山町立栗山小学校）
若月陸央　（春日井市立藤山台小学校）
吉田康祐　（静岡市立番町小学校）
織田裕二　（信州大学教育学部附属松本小学校）
榎本康介　（吉田町立吉田中学校）
大島玄聖　（春日井市立高森台中学校）
矢澤拓真　（須坂市立東中学校）
［4］
仲渡隆真　（春日井市立出川小学校）
松坂真吾　（長野県教育委員会）
平井奉子　（吉田町教育委員会）
望月覚子　（春日井市教育委員会）
石原浩一　（春日井市立松原小学校）
三津山一世　（吉田町立自彊小学校）
水谷年孝　（春日井市教育委員会教育研究所）

（2024年3月1日現在）

GIGA スクールはじめて日記 4
これでできる! 個別最適な学びと協働的な学び

2024 年 3 月 31 日　初版発行　　2024 年 8 月 29 日　2 刷発行

監修者　堀田龍也
編著者　佐藤和紀・泰山 裕・大久保紀一朗
発行者　横山験也
発行所　株式会社さくら社
〒 101-0051　東京都千代田区神田神保町 2-20 ワカヤギビル 5F
TEL：03-6272-6715 ／ FAX：03-6272-6716
https://www.sakura-sha.jp　郵便振替 00170-2-361913

ブックデザイン　佐藤 博
印刷・製本　中央精版印刷株式会社

ISBN978-4-908983-74-0 C0037